MARCO POLO

Reisen mit Insider Tipps

LOS ANGELES

MARCO POLO Koautorin
Anna-Barbara Tietz

Eigentlich wollte Anna-Barbara Tietz 1996 nur eine Freundin in L. A. besuchen, doch die Gründe zu bleiben waren schlagend: das Wellenreiten, die Sonnenuntergänge, die kreativen, herzlichen Menschen, die Inspiration einer Metropole, in der die Welt zusammenkommt, um das Leben neu zu erfinden. Heute arbeitet sie als freie TV- und Dokumentarfilmautorin und Korrespondentin für die „Gala".

www.marcopolo.de/losangeles

← **UMSCHLAG VORN: DIE WICHTIGSTEN HIGHLIGHTS**

Die besten Insider-Tipps → S. 4

Best Of ... → S. 6

Sehenswertes → S. 26

Essen & Trinken → S. 60

4 DIE BESTEN INSIDER-TIPPS

6 BEST OF ...
- TOLLE ORTE ZUM NULLTARIF S. 6
- TYPISCH LOS ANGELES S. 7
- WENN'S MAL ZU HEISS WIRD S. 8
- ENTSPANNT ZURÜCKLEHNEN S. 9

10 AUFTAKT

16 IM TREND

18 STICHWORTE

24 DER PERFEKTE TAG

26 SEHENSWERTES
DOWNTOWN, HOLLYWOOD, BEVERLY HILLS/WEST HOLLYW./MID-WILSHIRE, SANTA MONICA/VENICE, AUSSERDEM SEHENSWERT, AUSFLÜGE

60 ESSEN & TRINKEN
VOR ALLEM ASIATISCHE UND LATEINAMERIKANISCHE EINFLÜSSE SORGEN FÜR EIN BREIT GEFÄCHERTES KULINARISCHES ANGEBOT

72 EINKAUFEN
IN DEN KATHEDRALEN DES KONSUMS IST DAS GANZE JAHR ÜBER AUSVERKAUF

SYMBOLE

INSIDER TIPP Insider-Tipp
★ Highlight
●●●● Best of ...
☼ Schöne Aussicht
☺ Grün & fair: für ökologische oder faire Aspekte
(*) kostenpflichtige Telefonnummer

PREISKATEGORIEN HOTELS

€€€ über 200 Euro
€€ 110–200 Euro
€ bis 110 Euro

Die Preise gelten für zwei Personen im Doppelzimmer mit Frühstück pro Nacht

PREISKATEGORIEN RESTAURANTS

€€€ über 45 Euro
€€ 25–45 Euro
€ bis 25 Euro

Die Preise gelten für ein Abendessen mit Vor-, Haupt- und Nachspeise ohne Getränke

Titelthemen: Kulissen der Traumfabrik S. 50 | Buntes Treiben am Venice Beach S. 48

INHALT

AM ABEND — **84**
BARS UND DISKOS, MUSIK- UND COMEDYCLUBS, THEATER UND KINO – HIER HABEN NACHTSCHWÄRMER FREIE WAHL

ÜBERNACHTEN — **94**
WER SICH'S LEISTEN KANN, LOGIERT IN DEN LIEBLINGSHOTELS DER STARS, ABER AUCH FÜR KLEINERE BUDGETS GIBT'S ORIGINELLE UNTERKÜNFTE

STADTSPAZIERGÄNGE 104
MIT KINDERN UNTERWEGS 110
EVENTS, FESTE & MEHR 112
LINKS, BLOGS, APPS & MORE 114
PRAKTISCHE HINWEISE 116
SPRACHFÜHRER 122
CITYATLAS & STRASSENREGISTER 128
REGISTER & IMPRESSUM 146
BLOSS NICHT! 148

Einkaufen → S. 72

Am Abend → S. 84

Übernachten → S. 94

Cityatlas → S. 128

GUT ZU WISSEN
„The envelope, please"
→ S. 14
Bücher & Filme → S. 22
Zu den Hotspots → S. 39
Entspannen & genießen
→ S. 40
In der Traumfabrik → S. 50
Richtig fit! → S. 53
Gourmettempel → S. 64
Spezialitäten → S. 66
Große Show im Sport → S. 89
Verblichene Pracht → S. 92
Luxushotels → S. 98

Was kostet wie viel? → S. 118
Währungsrechner → S. 119
Wetter → S. 120

KARTEN IM BAND
(130 A1) Seitenzahlen und Koordinaten verweisen auf den Cityatlas
(0) Ort/Adresse liegt außerhalb des Kartenausschnitts
Es sind auch die Objekte mit Koordinaten versehen, die nicht im Reiseatlas stehen

UMSCHLAG HINTEN: FALTKARTE ZUM HERAUSNEHMEN →

Netzpläne Metro Rail System und DASH/Downtown im hinteren Umschlag

FALTKARTE
(⌘ A–B 2–3) verweist auf die herausnehmbare Faltkarte

3

Die besten MARCO POLO Insider-Tipps

Von allen Insider-Tipps finden Sie hier die 15 besten

INSIDER TIPP Exotisch schlemmen
Der *Grand Central Market* in Downtown ist voller fremder Düfte. An den Ständen kann man mexikanische, asiatische und amerikanische Gerichte probieren und Abenteuerliches wie Lammköpfe und Bullenhoden finden → S. 33

INSIDER TIPP Tanz auf den Gräbern
Auf dem *Hollywood Forever Cemetery* liegen Filmstars wie Douglas Fairbanks und Mary Pickford. Tagsüber kann man in der parkartigen Anlage zwischen Seerosenteichen wunderschön spazierengehen. Im Sommer wird der Friedhof zum Open-Air-Kino mit DJ-Party → S. 38

INSIDER TIPP Legendäre Kurven
L. A. aus der Vogelperspektive. Der *Mulholland Drive* schlängelt sich durch die Hügel über der Stadt bis ans Meer. Von den Aussichtspunkten an der Strecke schaut man mal auf Downtown, Hollywood und Bel Air im Süden, mal aufs Valley und die Bergketten im Norden → S. 40

INSIDER TIPP Zaungast in Hollywood
Ca. zweimal im Monat wird auf dem *Walk of Fame* ein neuer Stern enthüllt. Dabei kann man den Stars ganz nahe sein, denn die Fans sind eingeladen (Foto o.) → S. 41

INSIDER TIPP Berühmtes Sandwich
Seit 1908 wird bei *Philippe The Original* das *french dip sandwich* serviert: Die mit Fleisch belegte knusprige Semmel wird in Bratensaft getunkt. Dafür stehen die Angelenos gern Schlange → S. 63

INSIDER TIPP Insel der Stille
In Pacific Palisades, kurz bevor der Sunset Boulevard am Meer endet, steht der Meditationsgarten des *Self-Realization Fellowship*. Hier kann man wunderbar relaxen → S. 56

INSIDER TIPP Ab in die Wüste
Palm Springs ist der ideale Ausgangspunkt für einen Ausflug in die Designwelten der 50er- und 60er-Jahre → S. 58

INSIDER TIPP Fusiongourmet vom LKW
Wenn an den Szenetreffpunkten die Food Trucks vorrollen, entsteht rasch Straßenfestatmosphäre: Gourmetgerichte zum günstigen Preis (Foto u.) → S. 60

INSIDER TIPP Speisen wie Charlie
Das *Musso & Frank Grill* hat noch genau so viel Klasse wie damals, als hier Charlie Chaplin und Ernest Hemingway speisten. Die Steaks sind saftig, die Martinis trocken → S. 71

INSIDER TIPP Shop 'til You Drop
Warum ein Vermögen für Designerwaren hinlegen, wenn man sie im Factory Outlet für einen Bruchteil des Preises bekommt – z. B in den *Camarillo Premium Outlets* → S. 76

INSIDER TIPP Fundgrube für Musikfans
Amoeba Music ist eine Bastion für CDs und Vinylplatten im digitalen Zeitalter. In Hollywoods größtem Plattenladen findet man alle Stilrichtungen. Im Laden geben Bands kostenlose Livekonzerte → S. 82

INSIDER TIPP Bretter, die die Welt bedeuten
Surfen, Skaten, Snowboarden – bei *ZJ Boarding House* in Santa Monica dreht sich alles um den Brettsport und die dazugehörigen Outfits und Accessoires → S. 83

INSIDER TIPP Privatstrand
Man muss kein Hollywood-Star sein, um den Luxus eines Privatstrands zu erleben. Die Gäste im *Casa Malibu Inn* können am exklusiven Hotelstrand den Pazifik genießen → S. 100

INSIDER TIPP Polynesien meets Hollywood
Quietschbuntes Dekor, exotische Drinks und ein ausgelassenes Publikum sorgen in der polynesischen Bar *Tiki Ti* für Stimmung → S. 88

INSIDER TIPP Natur pur
Mit etwas Glück sieht man bei der Überfahrt nach *Catalina Island* Delfine und Wale. Allein deswegen lohnt die Bootstour → S. 58

BEST OF ...

TOLLE ORTE ZUM NULLTARIF
Neues entdecken und den Geldbeutel schonen

SPAREN

● *In die Fußstapfen der Stars treten*
Vor dem *TCL Chinese Theatre* haben Filmstars Abdrücke von ihren Händen und Füßen im Zement verewigt. Hier können Sie „anprobieren", welche Hollywoodgröße Ihnen am besten passt (Foto) → S. 40

● *Livemusik zum Sonnenuntergang*
Auf dem Santa Monica Pier finden in den Sommermonaten kostenlose Rock- und Popkonzerte *(Twilight Dance Series)* statt. Es treten auch bekannte Bands auf. Das Massenpicknick am Strand macht die Veranstaltung zum perfekten Sommerfest → S. 90

● *Der heißeste Fitnessclub der Stadt*
Im *Crunch Gym* am Sunset Boulevard hält sich Hollywoods Elite fit. Der Sportclub bietet die innovativsten Fitnessklassen der Stadt. Auf der Website können Sie sich für einen kostenlosen Tagespass registrieren lassen → S. 16

● *Alles nur Show*
Bei Aufzeichnungen von TV-Shows kann man im Publikum sitzen, seine Lieblingsstars von Nahem sehen und selbst miterleben, wie Fernsehen hier gemacht wird. Shows wie „Hannah Montana" oder „The X Factor" verteilen kostenlose Tickets → S. 50

● *Kunstvergnügen im Straßenbahndepot*
In der *Bergamot Station* von Santa Monica findet man exzellente Galerien und das *Santa Monica Art Museum,* das kalifornische Gegenwartskünstler zeigt. Besonders viel Spaß machen die *Opening Nights* an Samstagen, bei denen auch die Drinks umsonst sind → S. 49

● *Treppensteigen als Extrem-Workout*
Fitness ohne Clubgebühren: Die *Santa Monica Stairs* sind eigentlich ein öffentlicher Gehweg, der die Klippen im Norden der Stadt mit dem Santa Monica Canyon verbindet. Auf den steilen Treppen rennen Fitnessfanatiker und Promis um die Wette → S. 53

●●●●● Diese Punkte zeichnen in den folgenden Kapiteln die Best-of-Hinweise aus

TYPISCH LOS ANGELES
Das erleben Sie nur hier

● *Reich & Schön*
Wie die Superreichen ihr Geld ausgeben, kann man auf der Flaniermeile *Rodeo Drive* bestaunen. Das Verkaufspersonal in den Edelboutiquen heißt auch Touristen willkommen, die sich einfach nur umschauen wollen → S. 46

● *Das Wahrzeichen Hollywoods*
Man sieht es von vielen Stellen der Stadt aus. Mit einer kurzen Wanderung durch die wilde Naturlandschaft in den Hills können Sie dem *Hollywood Sign* so richtig nahekommen → S. 39, 109

● *Rock 'n' Roll*
In den Konzerthallen am *Sunset Boulevard* startete schon manche Musikerkarriere. Passender Auftakt für einen Abend auf der Rock'n'Roll-Meile ist ein Drink im *Rainbow Bar & Grill,* wo die Fotos an den Wänden die wichtigsten Momente der Rockgeschichte nacherzählen → S. 87

● *Lebens- und Straßenkünstler*
Nirgendwo ist People Watching so unterhaltsam wie auf der Strandpromenade von *Venice Beach*. Straßenkünstler beschwören Schlangen, Wahrsager sagen eine rosige Zukunft voraus, Hippies demonstrieren für die Legalisierung von Marihuana → S. 48

● *Kunst, die unter die Haut geht*
Seit ihrem Auftritt in der Reality-TV-Serie „L. A. Ink" ist Kat von D in der ganzen Welt bekannt. Ihren Laden *High Voltage Tattoo* kann man besuchen und mit Glück die Tattoo-Queen bei der Arbeit sehen → S. 81

● *Salsa-Rhythmen*
Die Stadt hat eine große Latinogemeinde – und die tanzt natürlich gerne. Deshalb finden Salsa-Liebhaber in L. A. die besten Tanzclubs außerhalb Lateinamerikas. Im *Conga Room* gibt's großartige Live-Acts, auf der Tanzfläche tummeln sich die besten Tänzer der Stadt → S. 89

● *Legendäre Wellen*
Am *Surfrider Beach* in Malibu wurde in den 60ern ein Trend geboren. Hier können Sie die besten Wellen und die talentiertesten Surfer der Stadt bestaunen. Auch Stars wie Laird Hamilton trainieren hier, wenn sie in der Stadt sind (Foto) → S. 55

7

BEST OF ...

WENN'S MAL ZU HEISS WIRD
Aktivitäten für den Fall, dass die Sonne zu heiß brennt

● *Unterwasserspaziergang*
Im *Long Beach Aquarium of the Pacific* können Sie 11000 Meerestiere aus nächster Nähe bewundern. Es gibt riesige Meeresschildkröten, Pinguine und Haie zum Anfassen → S. 54

● *Schattenspiele*
Im ausgedehnten botanischen Garten der *Huntington Arts Collection* findet man vor allem im Dschungelgarten, aber auch sonst wunderschöne schattenspendende Orte → S. 53

● *Vollklimatisiertes Power-Shopping*
Das *Beverly Center* ist eine Indoor Mall und damit auch im Sommer erfrischend gekühlt. In den mehr als 200 Läden und Kaufhäusern finden Sie alles, was Sie brauchen → S. 82

● *Moderne Kunst*
Ein Besuch im Museum ist an heißen Tagen immer eine gute Idee. Das *Museum of Contemporary Art (MOCA)* besitzt eine exzellente Sammlung vom abstrakten Expressionismus über Pop Art bis hin zu Gegenwartskunst → S. 34

● *Erfrischende Bootsfahrt*
Im Yachthafen von *Marina del Rey* (Foto) weht immer eine frische Meeresbrise. Hier können Sie ein Boot besteigen oder die schnittigen Yachten im Hafenbecken ganz sportlich im gemieteten Kajak erkunden → S. 55

● *Kühlendes Wasserspiel*
Zwischen Hochhäusern und Kunstskulpturen hat das Wasser aus den Springbrunnen auf dem *Watercourt (California Plaza)* einen angenehm kühlenden Effekt. Nicht nur Kinder lieben es, zwischen den computergesteuerten Fontänen herumzurennen, die mal groß, mal klein ausbrechen → S. 31

ENTSPANNT ZURÜCKLEHNEN
Durchatmen, genießen und verwöhnen lassen

● *Klassische Musik & Kerzenschein*
Dem Trubel der Stadt kann man wunderbar mit einem makrobiotischen Dinner im Steingarten des *Inn of the Seventh Ray* entfliehen. Am Bach singen die Frösche, am Himmel leuchten die Sterne → S. 71

● *Picknick im Getty*
Das *Getty Center* (Foto) hat einen wunderschönen Garten, der zum Picknick einlädt (selbst mitbringen!). Sie sehen das hektische Treiben und die endlose Weite der Stadt aus der Vogelperspektive → S. 53

● *Koreanisches Bad*
In den zahlreichen Spas von Koreatown kann man in Tee baden, in Saunas und Jadedampfbädern schwitzen und sich massieren lassen. Ein Besuch im *Wi Spa* ist wie eine Stippvisite in Korea → S. 40

● *Besser als Botox*
Kosmetikerin Terri Lawton, Esoterik-Beautyqueen der Stars, betreibt *Skin Care & Age Management* und aktiviert mit chinesischer Heilkunde das „Schönheits-Chi" → S. 81

● *Zeigt her eure Füße*
Nagelstudios gibt es in Los Angeles an jeder Straßenecke. Das Verwöhnprogramm total gibt es im *La Vie L'Orange*, wo die Füße in Milch und Honig gebadet werden → S. 40

● *Poollandschaft mit wärmendem Feuer*
Genießen Sie auf den bequemen Designerliegen am Pool des freundlichen *Hotels Palomar* in Westwood das süße Leben. Ein offener Kamin wärmt die Badegäste auch am Abend → S. 101

● *Unter die Haut*
Träumen Sie davon, einmal ein Hollywood-Star zu sein und sich für den Gang über den roten Teppich schön machen zu lassen? Dann vertrauen Sie sich der Kosmetikerin Kate Somerville an, deren Verwöhnprogramm auch die tatsächlichen Stars genießen → S. 81

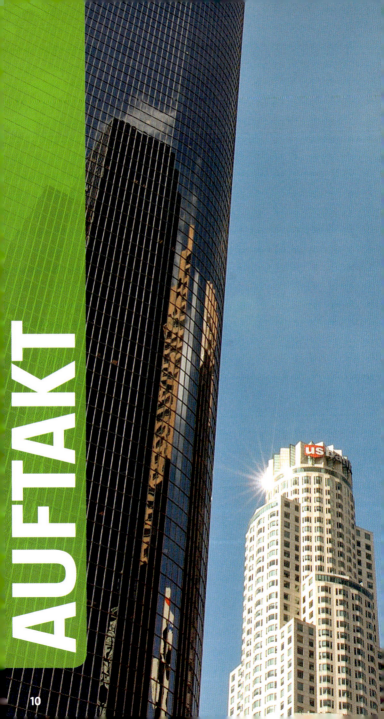

ENTDECKEN SIE LOS ANGELES!

Los Angeles ist einer der mysteriösesten und faszinierendsten Orte der Welt. Hier begegnet man tatsächlich Filmstars auf der Straße. Die Kellner im Restaurant sind eigentlich Schauspieler, die Schuhverkäufer in der Mall in Wirklichkeit Drehbuchautoren. Wenn man sich durch diese Stadt bewegt, mit Sonne im Gesicht und die von Palmen gesäumten Boulevards im Visier, dann fühlt man sich oft wie im Film.
Das Spannendste an der zweitgrößten Stadt der USA ist ihre Vielfalt. Auf den ersten Blick präsentiert sich L. A. als das oberflächliche Hochglanzparadies, über das der Rest der Welt oft die Nase rümpft. Die Frauen sehen aus wie Barbiepuppen. Die Männer scheinen mehr Zeit im Sportstudio zu verbringen als bei der Arbeit. Und überall macht man sich beim enthusiastischen Small talk gegenseitig Komplimente. Auf den zweiten Blick gibt es so viel mehr zu entdecken: Die Stadt hat 22 Nobelpreisträger und ist ein bedeutender Forschungsstandort. Neben seinen Filmpalästen hat L. A. erstklassige Museen, hochkarätige Kunst und eine lebendige Theaterszene. Los Angeles heißt Kontrastprogramm: Hollywood-Glamour und Erdbeben, New-Age-Bastion und Ban-

Bild: Wolkenkratzer in Downtown L. A.

denkriege, ewig blauer Himmel und Schlammlawinen, Strandvergnügen und Buschbrände. Diese Mega-Metropole ist ein Experiment, das sich täglich neu definiert. Im Einzugsbereich leben rund 10 Mio. Menschen, Tendenz steigend. Sie kommen aus 140 Nationen, sprechen 96 Sprachen. Deshalb wird dieser Stadt nachgesagt, dass sie ein Modell für die Zukunft sei.

„Die Menschen schneiden sich von den Fesseln ihres alten Lebens ab, wenn sie nach Los Angeles kommen. Sie sind auf der Suche nach einem Ort, an dem sie frei sein können, wo sie Dinge tun können, die nirgendwo anders möglich sind", befand Tom Bradley, einst Bürgermeister dieser Stadt. Sie suchen nach Gelegenheiten zum Geldmachen oder Zuflucht vor politischer Verfolgung. Die große Freiheit produziert die absurdesten Kontraste, ein Land aus Traum und Trauma. Schon der Landeanflug auf Los Angeles ist ein Erlebnis. Dieses Monster von Stadt ist flach und breit. 115 km misst die Küstenlinie, an der entlang sich auf über 10 000 km^2 das quadratische Muster aus Avenues und Boulevards erstreckt, ein Flickenteppich aus ausgewaschenem Asphalt und Grün, gespickt mit Flecken in leuchtendem Türkis, den Swimmingpools. L. A. ist ein Patchwork von 88 integrierten Städten, unterbrochen von zwei Bergketten, zusammengehalten von einem Netz aus Freeways.

Traum oder Trauma: Stadt der Sehnsüchte

Es gibt keinen perfekteren Moment, als im Cabrio über den Pacific Coast Highway durch Malibu zu cruisen. Am Horizont trifft der blaue Pazifik auf den noch blaueren Himmel. Man breitet seine Decke am Strand aus und erfreut sich an fitten Surfern

Fun City L. A.: Spielplatz für Skateboarder am Venice Beach

www.marcopolo.de/losangeles

AUFTAKT

und munteren Delfinen, die in den Wellen spielen. Wer mit offenen Augen durch L. A. zieht, wird viele magische Momente erleben. Man kann morgens im Meer schwimmen, mittags in den Bergen Ski laufen und sich abends in der Wüste im Sternenhimmel verlieren. Vorausgesetzt, man bleibt unterwegs nicht im Stau stecken. *Traffic jam* ist wegen der weiten Strecken und dem unterentwickelten öffentlichen Nahverkehr tägliches Programm. Die U-Bahn erreicht bisher nur einen winzigen Teil der Stadt. Der weitere Ausbau geht wegen notorischer Geldprobleme und der hohen Baukosten für erdbebensichere Schächte nur langsam voran. Das Busnetz ist unübersichtlich. Die meisten Straßenbahntrassen wurden Anfang des 20. Jhs. von der Automobil- und Ölindustrie überteert.

> **Magische Momente zwischen Bergen und Pazifik**

Auch L. A. hat mal klein angefangen: Mit 44 Siedlern – Indianer, Mestizen, Schwarze und zwei Spanier. Am 4. September 1781 wurde in der Bay of Smoke, wie der erste Weiße das Tal nannte, *El Pueblo de Nuestra Señora la Reina des Los Angeles del Río de Porciuncula* (The Town of Our Lady the Queen of the Angels by the Porciuncula River) ausgerufen. Der Rauch kam von den Feuern der Chumash-Indianer, die das Land jahrhundertelang besiedelt hatten. Der erste Marktplatz war mexikanisch. Noch heute ziehen auf der Olvera Street in Downtown Mariachi-Bands durch die Restaurants, wo im Holzkohleofen frische Tortillas gebacken werden.

Dominiert von Wolkenkratzern aus Stahl und Glas, ist Downtown der einzige Stadtteil, der echtes Großstadtflair bietet. Tagsüber drängeln sich Büroangestellte und Shopper zwischen den Häuserschächten. Abends zieht man nach den Vorstellungen in der Oper oder in der Walt Disney Concert Hall oder einem Rockkonzert in der neuen Konzerthalle L. A. Live durch die Bars und Restaurants des Loftbezirks, in dem sich in den vergangenen Jahren im Zuge der Revitalisierung Downtowns zahlreiche Künstler und Galerien angesiedelt haben. Das Zentrum des Nachtlebens findet man aber eher in Hollywood und auf dem Sunset Strip in West Hollywood. Im eleganten Beverly Hills scheint der unglaubliche Reichtum unerreichbar und doch greifbarer als irgendwo sonst auf der Welt. Im Jahr 2009 lebten im Los Angeles County 268 138 Millionäre. Damit hat der Großraum L. A. die größte Anzahl von Superreichen in ganz Amerika.

13

Und die lassen ihren Wohlstand unbeschwert heraushängen. Man wohnt in schloss-artigen Festungen, lässt sich auf dem Rodeo Drive die Einkaufstüten hinterhertragen und verzehrt in den Nobelrestaurants an einem Abend den Wert eines durchschnitt-lichen Monatseinkommens. Und erzählt davon jedem, der es hören will. Was dem Europäer als Prahlerei erscheinen mag, betrachtet der Kalifornier als Inspiration. So-zialneid kennt man nicht. Wer es geschafft hat, wird bewundert. Schließlich könnte man selbst der nächste Millionär sein. Auch in den ärmsten Vierteln der Stadt denkt man oft so. Und das, obwohl hier tagtäglich 17 Prozent der Menschen ein Leben un-terhalb der Armutsgrenze meistern. Sie wühlen sich durch die Mülltonnen der Besser-verdienenden, teilen sich winzige Apartments mit anderen Familien und Kakerlaken.

Wo die Reichen und Berühmten zu Hause sind

Nirgendwo könnte man von dieser Armut weiter entfernt sein als in den Hügeln über dem Sunset Boulevard: Eine Fahrt durch die Canyons führt an imposanten Anwesen vorbei. In den Bürohäusern am Wilshire Boulevard machen Agenten Mil-lionen-Deals für Brad Pitt & Co. Paparazzi spielen auf dem trendigen Robertson Bou-levard Katz und Maus mit Paris Hilton, Britney Spears u. a.

Alle großen Boulevards führen zum Meer: Mulholland, Sunset, Wilshire, Santa Moni-ca und Venice Boulevard. Auf dem Boardwalk in Venice Beach tummeln sich Straßen- und Lebenskünstler, und die Wahrsagerin verspricht für ein paar Dollar eine rosige Zukunft. In Santa Monica reicht der Vergnügungspier weit ins Meer hinaus. Aus dem Riesenrad hat man einen Rundumblick über den Pazifik, das Häusermeer und die Ber-ge. Darunter schlängelt sich der Pfad für Rollschuhläufer und Fahrräder kilometerlang durch den Sand. In Malibu zwängen sich die Anwesen der Schönen und Reichen zwi-schen den Pacific Coast Highway und die Brandung. Die Fahrt durch den Topanga Can-yon führt in die einstige Hippie-Enklave in den Bergen, in der die Zeit idyllisch stehen geblieben ist. Vor dem General Store parken Pick-Ups, und im *Inn of The Seventh Ray* wird makrobiotische Gourmetküche serviert. In der City of Angels ist alles phantasti-

„THE ENVELOPE, PLEASE"

Am 16. Mai 1929 wurde die vergolde-te Statue im Hollywood Roosevelt Ho-tel zum ersten Mal verliehen. Die Ge-winner standen vorher fest, und der beste Schauspieler, Emil Jannings, be-fand sich bereits auf dem Heimweg nach Deutschland, als die Zeremonie begann. Die *Academy of Motion Pictu-res* – heute hat sie mehr als 6000 Mit-glieder aus der Showbranche, die ihre Stimmen abgeben – nannte den Preis 1939 *Oscar*. Woher der Name kommt, ist unklar. Zurzeit werden die begehr-ten Oscars (offiziell *Academy Awards*) zu Anfang des Jahres im Dolby Theatre in Hollywood verliehen. Wenn der Um-schlag geöffnet wird, ist die Spannung im Saal groß …

AUFTAKT

scher, kreativer und größer. Die Angelenos haben sich ihren eigenen Planeten mit eigenen Dimensionen geschaffen. Dabei haben auch die Stararchitekten mitgemischt. Herausragend sind das *Getty Center* von Richard Meier und die *Walt Disney Concert Hall* von Frank O. Gehry, das *Hollyhock House* von Frank Lloyd Wright und das *Gamble House* der Gebrüder Greene. In den berühmten Krankenhäusern wie dem Cedars-Sinai-Center und dem UCLA Medical Center werden medizinische Wunder vollbracht – und das nicht nur beim Facelifting.

> **Los Angeles: kein Platz für Langeweile**

Untergangsprophezeiungen gehören zu L. A. wie der ewig blaue Himmel. Regelmäßig haben Intellektuelle diesem Ort der Eitelkeiten und der Gier das Ende vorausgesagt. In der Tat wird diese junge Stadt der Superlative immer wieder von Wachstumsschmerzen geplagt. Doch jedem Crash folgte ein neuer Boom. Nach dem Goldrausch kamen Eisenbahn, Tourismus und Zitrusplantagen, dann Ölfunde. Während sich in Europa der Erste Weltkrieg ankündigte, gründete der Schwabe Carl Laemmle die Universal Studios. Das legendäre südkalifornische Licht, das den Dingen besonders scharfe Konturen verleiht, lockte weitere Filmstudios an. Im Zweiten Weltkrieg boomte die Rüstungsindustrie. In den 1990er-Jahren wurde die Stadt von *riots,* Straßenkämpfen zwischen rivalisierenden ethnischen Gruppen, von Erdbeben und der Schließung von Militärstützpunkten in die Rezession getrieben. Der Immobilienboom während der Wende zum 21. Jh. machte Los Angeles zu einem der teuersten Pflaster der Nation. Und wieder ist die Stadt unter Druck: Ermuntert von der Überbewertung ihrer Grundstücke haben viele Angelenos über ihre Verhältnisse gelebt. Und plötzlich bedrohen sogenannte *runaway productions* die Filmindustrie. Wegen Kostendruck und Gewerkschaftskämpfen werden Dreharbeiten zunehmend ins günstigere Kanada oder in Steueroasen wie New Mexico ausgelagert.

Heiß begehrt: die Oscars

Doch davon werden Sie als Gast nicht viel mitbekommen. Genießen Sie, was die lässige, kosmopolitische Stadt am Pazifik zu bieten hat – und das ist schließlich eine ganze Menge!

15

IM TREND

1 Blaue Mode

Made in L. A. Promis reißen sich um die blauen Zwirne von J Brand (*www.jbrandjeans.com*). Das Label produziert seine Jeans in Los Angeles und verkauft sie auch dort, zum Beispiel bei *Ron Herman (8100 Melrose Av.)*. Ebenfalls aus der Stadt der Engel stammt *The Stronghold (1625 Abbot Kinney Blvd. | Venice | www.thestronghold.com)*. Im Shop im Retrolook gibt es nicht nur Denim, sondern auch Partys. Seit 1956 beliefern *F&S Fabrics (10 629 W Pico Blvd. | www.fandsfabrics.com)* von L. A. aus Designer in der ganzen Welt mit ihren Stoffen.

Akrobatisch

2

L. A. Fitness Ans Trapez geht es bei *Hollywood Aerial Arts (3838 W 102nd St.)* in Inglewood. Das sorgt nicht nur für Selbstbewusstsein, sondern auch für Muskeln. In der *L. A. Trapeze School (370 Santa Monica Pier) (Foto)* geht's auch hoch hinaus – nicht nur am Trapez, sondern auch an Ringen oder Bändern wie bei der *Cirque School (5640 1/2 Hollywood Blvd.)*. Ein Zirkus-Workout gibt es auch bei *Crunch Gym (8000 Sunset Blvd.)*. ● Auf der Website können Sie sich für einen kostenlosen Tagespass im *Crunch* anmelden: *www.crunch.com*.

3 Unterwegs

Kunst Beim *Downtown Art Walk (www.downtownartwalk.com) (Foto)* wird's voll auf den Straßen – und in den Galerien. Den Weg finden Sie mit einer Karte *(jeden 2. Do im Monat, 12–24 Uhr)*. Mit dem Rad geht es bei der *The-Spoke(n)-Art-Tour* von Galerie zu Galerie *(Startpunkt: The Bike Oven | 3706 N Figueroa St. | www.bikeoven.com)*. Ein Stopp sollte der Galerie der *Los Angeles Art Association* gelten. Sie unterstützt lokale Künstler: *Gallery 825 (825 N La Cienega Blvd.)*.

In Los Angeles gibt es viel Neues zu entdecken. Das Spannendste auf dieser Seite

Hoch zu Rad

Zwei statt vier Räder   L. A. wird immer fahrradfreundlicher. Der Ausbau des Radwegenetzes wird zzt. mit Hochdruck vorangetrieben *(www.labikeplan.com)*. Und immer mehr der großen Boulevards werden mit Fahrradspuren ausgestattet. Die ersten Zweiradfahrer danken es den Städteplanern schon und steigen wieder öfter aufs Rad. Leihräder gibt es bei *Spokes N Stuff (4730 Crystal Springs Ave. | Griffith Park | www.spokes-n-stuff.com)*. Zweiradaktivisten organisieren Massenradtouren zur Stadterkundung *(www.bike-la.org)*. An den kostenlosen Events von *CicLAvia* beteiligen sich bis zu 100 000 Radfahrer. Mit Unterstützung der Stadtverwaltung werden Hauptverkehrsstraßen mehrmals im Jahr vorübergehend zur autofreien Zone erklärt *(www.ciclavia.org)*.

Gourmet vom Food Truck

Imbiss-Events   Die Food Trucks erobern die Stadt. Und das nicht nur mit schnellen Gourmetbissen, sondern auch mit Rundum-Programm. So mancher Food Truck bietet ein gemütliches Restaurant und wechselnde Events. Ein mobiles Restaurant mit Musikprogramm ist der *Vizzitruck (vizzitruck.com)*. *Coolhouse Icecream (www.eatcoolhaus. com)* verkauft Eiscreme-Sandwiches aus einem umgebauten Postauto. Weil die Besitzerinnen bis zur Immobilienkrise Häuser bauten, sind die Desserts nach berühmten Architekten benannt. Der 😊 *Green Truck (www.greentruckonthego.com)* macht seinem Namen alle Ehre: Hier wird nur Pflanzenöl verwendet, die Küche läuft mit Solarstrom, und es gibt weder Plastiktüten noch Styroporboxen. Da isst man selbst den Burger guten Gewissens.

STICHWORTE

ARCHITEKTUR

Das sonnige Klima der Metropole hat viele Architekten inspiriert. Non-Konformisten haben in der Stadt Visionen verwirklicht und Epochen moderner Architektur definiert. Das *Lovell House* des Österreichers Richard M. Neutra in Griffith Park war 1929 mit seinen geometrischen Formen, leichten Stahlrahmen und frei stehenden Balkonen seiner Zeit weit voraus. Landsmann Rudolf M. Schindler baute 1921 das *Schindler House* in West Hollywood mit Schiebetüren- und Wänden, die die Grenzen von Innen und Außen verwischen. Frank Lloyd Wright gab dem *Hollyhock* und dem *Ennis Brown House* die bahnbrechenden organischen Formen. Ein weiterer Klassiker ist das *Chemosphere* von John Lautner, das seit 1960 wie ein Ufo auf einer Säule in den Hollywood Hills schwebt. An den 36 sogenannten *Case Study Houses,* die in der Stadt verteilt 1945 bis 1962 als Prototypen für modernes, preiswertes Wohnen gebaut wurden, wirkten wichtige Avantgardisten wie Charles und Ray Eames und Pierre Koenig mit. Wolkenkratzer wurden erst ab den 1960er-Jahren errichtet, als man sich auf erdbebensichere Bauweisen verlassen konnte. Jüngste Meilensteine der Architektur sind Frank O. Gehrys stählerne *Walt Disney Concert Hall,* Richard Meiers *Getty Center* und Renzo Pianos *LACMA-Bau*.

CAR CULTURE

Los Angeles liebt das Automobil. Es ist Statussymbol, Hobby und eine Not-

18 Bild: Walt Disney Concert Hall, Downtown

Für Los Angeles, die Stadt der Träume und unbegrenzten Möglichkeiten, gibt es keine Maßstäbe

wendigkeit, um in dieser Stadt der weiten Strecken und des lausigen öffentlichen Nahverkehrs voranzukommen. In den 1940er-Jahren hatte ein von General Motors angeführtes Industrie-Konglomerat die Straßenbahnunternehmen der Stadt aufgekauft und das Streckensystem zügig lahmgelegt und überpflastert, um den Automobilboom voranzutreiben. Das Straßennetz von Los Angeles umfasst heute 6000 Meilen, auf denen aufgrund des enormen Verkehrsvolumens oft Stillstand herrscht. Es gibt in der Stadt fast 6 Mio. registrierte Autos. Zusammen legen L. A.s Einwohner täglich 300 Mio. Meilen durch die Stadt zurück. Los Angeles ist damit die Stadt mit den meisten Verkehrsstaus und der höchsten Luftverschmutzung in den gesamten USA. Auch außerhalb der *rush hour,* des Berufsverkehrs zwischen 7 und 10 Uhr morgens sowie 15 und 19 Uhr am Abend, trifft man oft auf zähfließenden Verkehr. Die Stadt hat zu wenig Geld, um das Straßennetz in Stand zu halten. Tief klaffende Schlaglöcher sind ein notorisches Problem, beschädigen Autoreifen und verursachen Unfälle. Bürgermeister Antonio Villaraigosa machte die *operation pothole* im Jahr 2008 zu einer seiner Prioritäten und ließ in einem einzigen Jahr eine Million Schlaglöcher reparieren. Behoben ist das

Die Erdkruste ist hier immer in Bewegung: San-Andreas-Graben

Problem damit trotzdem nicht. „Schlaglöcher in Los Angeles sind wie Diamanten", befand einmal ein Mitarbeiter der Stadtverwaltung. Sie hätten ewig Bestand …

ERDBEBEN

Der San-Andreas-Graben im Osten von L. A. und zahlreiche Verwerfungen unter dem Stadtgebiet produzieren ständig seismische Aktivität. Ca. 10 000-mal im Jahr bebt die Erde. Die meisten Stöße sind so schwach, dass man sie nicht spürt. Erdbeben lassen sich nicht voraussagen, trotzdem glauben Geologen, dass in den nächsten 30 Jahren mit 99-prozentiger Wahrscheinlichkeit ein Katastrophenbeben fällig ist. Im Falle eines *Big One* nicht auf die Straße rennen und nicht unter Tische oder Betten legen, sondern direkt daneben. Nur dort entstehen bei Deckeneinsturz lebensrettende Hohlräume.

FILMINDUSTRIE

Ohne Hollywood wäre Los Angeles nur eine schön gelegene Stadt am Meer. Der „Vater der Filmindustrie" und Gründer der Universal Studios, der Schwabe Carl Laemmle, erfand den Starkult. Seine Idee, dass öffentliche Auftritte der Schauspieler die Filme besser verkaufen, hat sich bis heute bewährt. Die Studios schossen wie Pilze aus dem Boden: Columbia, Metro Goldwyn Mayer, Paramount, Warner Brothers, 20th Century Fox. Laemmle inspirierte zahlreiche deutschsprachige Künstler, ihr Glück im jungen Hollywood zu versuchen, darunter Erich von Stroheim, Marlene Dietrich, Hedi Lamarr und Robert Siodmak. Die Filmbosse hatten ihre selbst produzierten Stars fest im Griff. Schauspieler, Produzenten und Regisseure bekamen wöchentliche Gehälter. Nach dem Zweiten Weltkrieg wurde diese Allmacht aufgebrochen. Produzenten machten sich selbstständig und engagierten ihre Talente auf Projektbasis. Topstars verlangen heute Gagen von mehr als 20 Mio. Dollar pro Film. Die in Los Angeles am meisten diskutierten Nachrichten sind neben Star-Hochzeiten, -Scheidungen und anderen Skandalen die sogenannten *box-office*-Informationen vom Wochenende, die Einspielergebnisse von Filmen an der Kinokasse. In den Straßen von Los Ange-

STICHWORTE

les hört man oft die Worte *lights, camera, action!,* und Straßensperren, hinter denen weiße Trucks und Kamerakräne stehen, gehören zum Stadtbild.

KUNST & KREATIVITÄT

Mit Hollywood als Lokomotive und einer äußerst liberalen, experimentierfreudigen Atmosphäre gilt Los Angeles auch als die „Kreativ-Hauptstadt der Welt". Einer von sechs Einwohnern arbeitet in der Kreativ-Industrie. Hier leben mehr Künstler, Autoren, Schauspieler, Tänzer und Musiker als irgendwo sonst in der Welt. Auch als Schaffensort und Marktplatz für moderne Kunst gewinnt die Stadt zunehmend an Bedeutung. In Los Angeles wirken zahlreiche international erfolgreiche Künstler, unterstützt von wohlhabenden Privatsammlern und unzähligen Galeristen.

MULTIKULTI

In Los Angeles ist fast jeder zweite Bürger „Ausländer". Nur sechzig Prozent der Einwohner wurden in den USA geboren. Die meisten der Einwanderer kommen aus Lateinamerika und Asien. Los Angeles wird oft scherzhaft als die zweitgrößte Stadt Mexikos nach Mexico City bezeichnet. 6,5 Prozent der Angelenos sind Europäer. Der polyglotte Charakter der Stadt zeigt sich in zahlreichen ethnischen Vierteln, in denen kaum Englisch gesprochen wird und man oft nicht einmal die Buchstaben auf den Ladenschildern entziffern kann. Darunter sind Chinatown, Koreatown, Filipinotown, Little Armenia, Little Ethiopia, Little India, Little Saigon, Little Tokyo, Thai Town und Tehrangeles.

PALMEN

Egal, in welchem Stadtteil man sich auch umschaut, die Aussicht Richtung Himmel ist immer die gleiche: Palmenbüschel wedeln fröhlich im Wind. Palmen säumen Straßenzüge, schmücken Hoteleingänge und Vorgärten, als wären sie hier immer schon zu Hause gewesen. Dabei wurden die Palmen erst von Stadt- und Grundstücksentwicklern mit einer Vision vom sorglosen tropischen Paradies importiert. Sie eroberten die Stadt im Sturm, weil sie viel mit den Angelenos gemeinsam haben: Sie kommen von weit her und lassen sich spielend leicht verpflanzen ...

POOLS

Los Angeles hat die höchste Konzentration von Privatpools in der ganzen Welt. Charlie Chaplin, Mary Pickford und Harold Lloyd waren unter den ersten, die sich im Garten ein Schwimmbad bauen ließen und diesen Luxus zum Statussymbol im jungen Hollywood machten. Ab den 1950er-Jahren zog die expandierende Mittelschicht nach. Umweltbewusste Angelenos betrachten die *backyard pools* heute kritisch, denn immerhin 15 Prozent des insgesamt verbrauchten kostbaren Trinkwassers, das die Stadt z. T. aus entfernten Regionen importieren muss, fließen in die Pools.

REICHES, ARMES L. A.

In kaum einer anderen Metropole der westlichen Welt findet man so krasse Wohlstandsunterschiede wie in Los Angeles. Im Großraum L. A. leben mehr als 250 000 Millionäre, während dagegen 17 Prozent der Menschen ein Leben unterhalb der Armutsgrenze bewältigen müssen. Die Bastionen der Superreichen mit ihren Luxusvillen erstrecken sich über endlose Quadratkilometer durch Beverly Hills, Bel Air, Brentwood, Pacific Palisades und Hancock Park. In anderen Stadtteilen, die südlich und westlich an Downtown angrenzen, sowie in Flughafennähe, leben Menschen unter ähnlichen Bedingungen wie in Entwicklungsländern. Auf den Bürgersteigen türmen sich Müll und ausrangierte Möbel. Bandenkriege, Drogenhandel und Schießereien gehören zum Alltag.

SCHÖN & SCHLANK & JUNG

L. A. ist die Trendschmiede, Hollywood die PR-Abteilung der Nation: In ist grundsätzlich alles, was die Stars machen, insbesondere das, was schön und schlank macht. In L. A. wurde erst die Botoxparty erfunden, dann die 30-Minuten-Brust-OP in der Mittagspause. Doch es geht nicht immer nur um Konsum und Kommerz. Gesundheitsbewusste, New-Age-Anhänger und Fitnessbegeisterte sind ganzheitlichen Lebensansätzen verschworen. Es gibt hier mehr Akupunkturkliniken, Wunderheiler, Therapie- und Yogazentren als anderswo.

Und an keinem anderen Ort der Welt wird so viel über das Alter gelogen wie in L. A. Schauspieler müssen es, um im Geschäft zu bleiben. Der Rest tut es, um in dieser vom Jugendwahn besessenen Stadt mitzuhalten. Während der Rest von Amerika verfettet, arbeiten in L. A. auch Pensionäre an ihren Sixpacks. Es gilt übrigens als unfein, Leute in L. A. nach ihrem Alter zu fragen – es sei denn, man lässt sich auf ein in der Stadt weit verbreitetes Gesellschaftsspiel ein, dessen einziges Ziel es ist, sich den Moment zu versüßen. Die Frage nach dem Alter wird gern

BÜCHER & FILME

▶ **Los Angeles: Portrait einer Stadt** – Ein wunderschönes, pralles Fotobuch mit 500 Bildern und kurzen Texten zur Stadtgeschichte. Der Bildband von Jim Heimann und Kevin Starr ist ein Augenschmaus, beim Blättern reist man durch historische Momente, Gegensätze, Klischees und Charakteristika der Stadt.

▶ **Barfly** – Charles Bukowski, der sich selbst exzessiv in den Kneipen der Stadt herumtrieb, schildert das Leben eines alkoholabhängigen Schriftstellers. 1987 spielte Mickey Rourke die Hauptrolle in der Verfilmung des Romans.

▶ **Der Himmel von Hollywood** – Drei gescheiterte Schauspieler planen den Coup ihres Lebens. Spannender und unterhaltsamer Thriller des niederländischen Autors Leon de Winter, 2001 von Sönke Wortmann verfilmt.

▶ **The White Album** – Sammlung autobiografischer Essays über die wilden 1960er-Jahre. Autorin Joan Didion schreibt u. a. über Drogen, Jim Morrison und The Doors und über die Bürgerrechtsbewegung.

▶ **Mulholland Drive** – Nach einem Gedächtnisverlust durch einen Autounfall irrt Schauspielerin Rita zusammen mit Betty, Neuankömmling aus der Provinz, durch L. A. Sie treffen auf rätselhafte Charaktere. In dem Film (2001) von David Lynch weiß man nie, wo die Realität aufhört und der Traum beginnt.

▶ **Chinatown** – Leinwandklassiker von Roman Polanski (1974) über die gesetzlosen 1930er-Jahre, in denen die Stadt von Korruption regiert wurde und nach Wasser durstete. Jack Nicholson deckt als Privatdetektiv die Skandale auf.

STICHWORTE

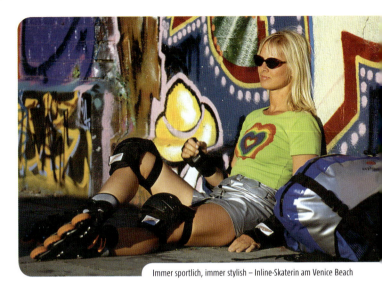

Immer sportlich, immer stylish – Inline-Skaterin am Venice Beach

mit einer Gegenfrage gekontert: „Was schätzt Du denn?" Unbedingt erst rechnen, dann antworten: Es gilt als Gebot der Höflichkeit, mindestens zehn Jahre von seiner ehrlichen Schätzung abzuziehen. Und anschließend überschwängliche Komplimente auszutauschen. Warum auch nicht?

SONNENSCHEIN

„Seems, it never rains in Southern California", singt Albert Hammond in seinem Klassiker von 1972. Und für die meiste Zeit des Jahres stimmt das auch: An 290 Tagen lacht Los Angeles seinen Besuchern mit strahlend blauem Himmel entgegen. Allerdings wird L. A. in den Wintermonaten an durchschnittlich 35 Tagen pro Jahr auch von massiven Regenstürmen heimgesucht. Dann kann die Infrastruktur den Wassermassen häufig nicht standhalten: Der Strom fällt aus, die Telefonleitungen brechen zusammen, der Verkehr bleibt stehen. Während die Innenstadt brutzelt, ist es in Strandnähe oft einige Grade kühler. Nicht nur in den Sommermonaten hängt über der Küste oft der *june gloom,* ein dicker Nebel, den die Sonne oft erst in den Nachmittagsstunden wegbrennt.

WIRTSCHAFT

Neben der weltweit erfolgreichen Filmindustrie besitzt die Stadt eine hochgradig diversifizierte Wirtschaft. Der Großraum L. A. ist das drittgrößte Wirtschaftszentrum der Welt nach New York und Tokio. In Los Angeles wurde 2012 ein Bruttosozialprodukt von 790 Mrd. Dollar erwirtschaftet – ein Volumen, das das ganzer Staaten wie zum Beispiel der Schweiz, Saudi-Arabiens oder Schwedens übertrifft. Große Bedeutung hat dabei der internationale Handel. Die Häfen von Los Angeles sind Amerikas wichtigster Umschlagplatz mit Asien. Weitere bedeutende Branchen sind Tourismus, Mode, Wissenschaft und Forschung, Technologie, Bildung sowie die Flugzeug- und Raumfahrtindustrie.

DER PERFEKTE TAG
Los Angeles in 24 Stunden

07:00 SPORTLICH IN DEN TAG

Den perfekten Tag beginnen Sie am besten so, wie es die Angelenos selbst auch tun: mit Sport am Meer. Am Strand von *Santa Monica* → S. 47 (Foto li.) kann man wunderbar joggen und spazierengehen. Oder begrüßen Sie den Tag mit einer Radtour auf dem kilometerlangen *Bike Path*. Danach ist es Zeit für ein gemütliches Frühstück im *Rose Café* → S. 67. Zwischen Künstlern aus der Nachbarschaft und Bodybuildern, die hier gerne nach ihrem morgendlichen Workout im benachbarten *Gold's Gym* einkehren, kann man sich mit Omeletts, Bagels, Pancakes und frischen Croissants stärken.

09:30 LEBENSKÜNSTLER UND MILLIONÄRE

Nächster Stopp: Die gleich südlich gelegene Strandpromenade von *Venice Beach* → S. 48, gesäumt von Souvenirshops, in denen für ein paar Dollars T-Shirts und Krimskrams verkauft werden, und bevölkert von Schlangenbeschwörern, Surfern, Wahrsagern und Lebenskünstlern. Wer es etwas ruhiger mag, macht noch einen kurzen Schlenker durch die *Venice Canals* → S. 51 oder über *Abbot Kinney Boulevard* → S. 48, ehe es vom Mekka der Hippies und Lebenskünstler weiter zur Spielwiese der Reichen und Schönen, nach Beverly Hills, geht. Nach einem Schaufensterbummel auf dem *Rodeo Drive* → S. 46 lohnt sich auch eine Spazierfahrt durch die von Palmen gesäumten Alleen im Norden, hinauf in die Canyons südlich des Sunset Boulevards, vorbei an imposanten Millionärsvillen.

13:00 STARS UND STERNCHEN

Zeit für Lunch mit den Promis. Auf der Terrasse des *Ivy* → S. 65 am Robertson Boulevard hat man mit etwas Glück einen Promi als Tischnachbarn. Von hier aus können Sie außerdem wunderbar das Katzund-Maus-Spiel der Paparazzi auf dem Bürgersteig beobachten. Bereit für ein Rendezvous mit den Filmstars? Rund um das *Dolby Theatre* → S. 36 sind die wichtigsten Attraktionen in Hollywood zu Fuß erreichbar: Auf dem berühmten *Walk of Fame* → S. 41 (Foto re.) sind die Sterne der Stars in den Bürgersteig eingelassen. Vor dem *TCL Chinese Theatre* → S. 40 haben Filmgrößen ihre Hand und Fußabdrücke in den Zement eingelassen. Doppelgänger von Spiderman, Marilyn Monroe und Charlie Chaplin posieren für Erinnerungsfotos. Nebenan findet man *Madame Tussauds Hollywood* → S. 39, im

Die schönsten Facetten von Los Angeles kennenlernen – mittendrin, ganz entspannt und an einem Tag

gegenüberliegenden *Roosevelt Hotel* fand 1929 die erste Oscar-Verleihung statt.

15:00 IN DIE BERGE

Vom Hollywood Boulevard aus ist es nur eine kurze Fahrt hinauf zum *Mulholland Drive* → S. 40 (Foto re.), von wo aus Sie einen tollen Blick auf das *Hollywood Sign* → S. 39 und die Stadt haben. Sie fahren die Highland Avenue Richtung Norden, bis sie in den Cahuenga Boulevard mündet. Von dort den Schildern zum Mulholland Drive in Richtung Westen über die Freewaybrücke folgen. Nach ca. 1 km den Berg hinauf befindet sich in einer scharfen Rechtskurve der Parkplatz für den *Mulholland Lookout* (6780 Mulholland Drive).

16:30 DOWNTOWN

Der Freeway 101 in Richtung Süden führt Sie direkt nach Downtown. Per Mini-Weltreise über *Chinatown* → S. 32, den mexikanischen Marktplatz *El Pueblo de Los Angeles* → S. 33 und *Little Tokyo* → S. 33 geht es zum *Broadway* → S. 28 mit seinen historischen Gebäuden. In den 1920er-Jahren war die erste Flaniermeile der Stadt von Filmpalästen und Restaurants gesäumt. Viele der Fassaden im Art-déco-Stil sind noch erhalten. Das *MOCA* → S. 34 ist mit seiner exzellenten Sammlung von abstraktem Expressionismus, Pop Art und Gegenwartskunst auf jeden Fall einen Besuch wert.

20:00 ROCKIG IN DIE NACHT

Bei Abendanbruch macht man sich am besten auf den Weg zum *Sunset Boulevard* in West Hollywood. Hier stehen die legendärsten Konzerthallen der Stadt, in denen schon viele Rockstars ihre Karriere begonnen haben. Es lohnt sich ein Cruise über die gesamte Strecke, vorbei am *Chateau Marmont* → S. 44, weiteren Luxushotels und den legendären Rock'n'Roll-Hallen der Stadt. Im *Rainbow Bar & Grill* → S. 87 speisen Sie wie ein echter Rockstar. In einem der umliegenden Clubs findet man an jedem Abend der Woche Livemusik.

Für einen Erkundungstag in Los Angeles empfiehlt es sich wegen der großen Entfernungen unbedingt, einen Mietwagen zu nehmen.

SEHENSWERTES

Am besten erkundet man die Stadt mit dem Auto. Entlang der endlosen Boulevards und Freeways erschließen sich zuerst die berühmten Klischees: Millionärsvillen wechseln sich ab mit Malls und Gettos, den ewig blauen Himmel verdeckt nichts außer ein paar Palmen und riesigen Plakatwänden, die den neuesten Hollywood-Kassenschlager ankündigen.

Es lohnt sich definitiv, neben den bekannten Sehenswürdigkeiten auch die weniger berühmten Ecken dieser Stadt anzusteuern. Am besten fängt man dabei in Downtown an, der quirligen Keimzelle dieser Megastadt. Eine Erkundungstour durch Downtown ist wie eine Reise durch Europa, Südamerika und Asien, dessen Immigranten hier eine neue Welt aufgebaut haben. Steigen sie in den DASH (Minibus), der Sie von einer Sehenswürdigkeit oder von einem Shoppingparadies zum nächsten bringt.

Wer sich noch nicht sofort mit dem Auto auf die Freeways wagen mag, kann auf dem Sunset Boulevard, der bei Pueblo de Los Angeles anfängt und 37 km westlich in Pacific Palisades am Meer endet, einmal quer durch die Stadt cruisen. Der „Boulevard der Träume", wie Sunset auch genannt wird, windet sich durch die unterschiedlichsten Stadtteile von Los Angeles und vermittelt einen Eindruck der sozialen und landschaftlichen Vielfalt. Interessante Berührungspunkte sind Hollywood, West Hollywood, Beverly Hills, Westwood und Brentwood. Die Fahrt ist ein erstes Schnuppervergnügen,

26   Bild: Watercourt, California Plaza, Downtown L. A.

Ob Kunst, Kultur oder Architektur: In Los Angeles finden Sie die ganze Vielfalt der Welt auf engstem Raum

das neugierig darauf macht, jedes Stadtviertel ausgiebiger zu erkunden.
Spätestens seit der Eröffnung des Getty Centers 1997 hoch oben in den Santa Monica Mountains kommt man auch zum Museumsbesuch nach Los Angeles. Mit über 300 Museen, die überwiegend von privaten Spenden am Leben erhalten werden, kann man sich hier an Kunst sattsehen. Klassisches ist ebenso vertreten wie Völkerkundliches und Zeitgenössisches. L. A.s Museen sind gefüllt mit den Privatkollektionen wohlhabender Sammler, die ihre Schätze verleihen, verschenken und vererben. Jüngstes Beispiel ist die Erweiterung des Los Angeles County Museum of Art (LACMA), in dessen Broad Museum Künstler aus der zweiten Hälfte des 20. Jhs. aus der Sammlung von Gönner Eli Broad ausgestellt werden. Quellen des Wissens sind Museen wie das Natural History Museum mit seinen Dinosauriern oder das California Science Center, in dem interaktiv biologische und physikalische Wunder erkundet werden können. Über die gan-

DOWNTOWN

Die Karte zeigt die Einteilung der interessantesten Stadtviertel. Bei jedem Viertel finden Sie eine Detailkarte, in der alle beschriebenen Sehenswürdigkeiten mit einer Nummer verzeichnet sind

ze Stadt verstreut gibt es namhafte Galerien, die weltbekannte Künstler und die neue Avantgarde vertreten. Informationen zu aktuellen Ausstellungen finden Sie unter *www.artscenecal.com*.

Abgesehen von der Hochkultur, der Malerei und vorzüglichen Opernaufführungen und Konzerten ist L. A. natürlich als Film- und Unterhaltungshauptstadt der Welt bekannt. In der Tat hat man bei einem Besuch die Chance, eines seiner Leinwandidole in Fleisch und Blut zu erblicken. Dieses ist die Stadt, in der Will Smith, Jennifer Aniston, Brad Pitt & Co. nicht nur arbeiten, sondern auch leben. Und manchmal sieht man sie auch auf der Straße oder beim Einkauf im Supermarkt.

DOWNTOWN

Abwechslungsreiche Architektur, Business- und Messezentrum, Museen und Kulturveranstaltungen von Weltklasse und eine brodelnde Multikulti-Mischung von Menschen und Sprachen.

Bis Mitte des 20. Jhs. war der *Broadway* mit seinen Filmpalästen und Theatern die Hauptschlagader von L. A. Heute findet man in den eleganten Gebäuden im viktorianischen bzw. Art-déco-Stil überwiegend Ramschläden. Die erdbebensicheren Hochhaustürme auf *Bunker Hill*, dem Hügel westlich von Broadway, waren das Ergebnis eines ersten Wiederbelebungsversuchs des heruntergekomme-

SEHENSWERTES

nen Viertels in den 1970er-Jahren. Über die letzten Jahre hat sich *Downtown* erneut gemausert. Viele historische Gebäude wurden zu modernen Lofts ausgebaut. Mit den neuen Bewohnern siedelten sich schicke Bars, Restaurants und eine rege Kunst- und Galerienszene an. Die *Walt Disney Concert Hall* und die *Cathedral of our Lady of the Angels* sind Beispiele moderner Architektur von internationalem Rang. Weitere Gebäude sind im Zuge der Downtown-Renaissance in Arbeit. Begeben Sie sich auf eine Miniweltreise: Probieren Sie Dim Sum in Chinatown, eine California Roll in Little Tokyo, kaufen sie mexikanische Lederwaren auf der Olvera Street, Diamanten im *Jewelry Center,* orientalische Seidenstoffe oder gefälschte Designerklamotten im *Fashion District.* Besuchen sie das *MOCA* oder gehen sie zum Five o'Clock Tea ins elegante *Biltmore Hotel* oder genießen sie die Happy Hour und den Ausblick von der ☃ Poolbar auf dem Dach des *Standard Hotels (Flower St./W Fifth St.).*

CITY WOHIN ZUERST?

Walt Disney Concert Hall *(135 N Grand Ave. | 1st Street)* **(131 D3) (**🗺 **Q6):** Rundum findet man überall Parkhäuser und -plätze. Das *Museum of Contemporary Art* liegt schräg gegenüber. Von hier aus lassen sich auch weitere Attraktionen zu Fuß erkunden. Wer mit der U-Bahn aus Hollywood kommt, nimmt die *Red Line* bis zur Endstation Union Station. Dort enden auch Buslinien aus allen Teilen der Stadt. Mit den Bussen der DASH erreicht man sämtliche Teile Downtowns.

1 BRADBURY BUILDING
(131 D4) (🗺 R7)

Der arbeitslose Designer George H. Wyman, der nie zuvor ein Haus gebaut hatte, nahm den Bauauftrag an, nachdem sein toter Bruder es ihm bei einer Séance befohlen hatte. Anregung fand er in

---

MARCO POLO HIGHLIGHTS

⭐ **Cathedral of our Lady of the Angels**
Drittgrößte Kathedrale der Welt → S. 31

⭐ **El Pueblo de Los Angeles**
Buntes Treiben à la Mexiko → S. 33

⭐ **Walt Disney Concert Hall**
Außen Kunst, innen Musik → S. 35

⭐ **Dolby Theater**
Das Zuhause der Oscar-Verleihung → S. 36

⭐ **Sunset Strip**
Rockclubs, Restaurants, Boutiquen → S. 42

⭐ **LACMA**
Deutsche Expressionisten, präkolumbische Kunst → S. 44

⭐ **Rodeo Drive**
Eines der teuersten Shoppingpflaster der Welt → S. 46

⭐ **Venice Beach**
Touristenrummel mit Action und Seeluft → S. 48

⭐ **Getty Center**
Hohe Kunst und toller Ausblick → S. 53

⭐ **Pacific Coast Highway**
Echtes California-Feeling auf dem Highway vor Malibu → S. 54

⭐ **Universal Studios**
Filmabenteuer und viel mehr → S. 57

⭐ **Joshua Tree National Park**
Bizarre Felsen und Kakteen → S. 58

29

DOWNTOWN

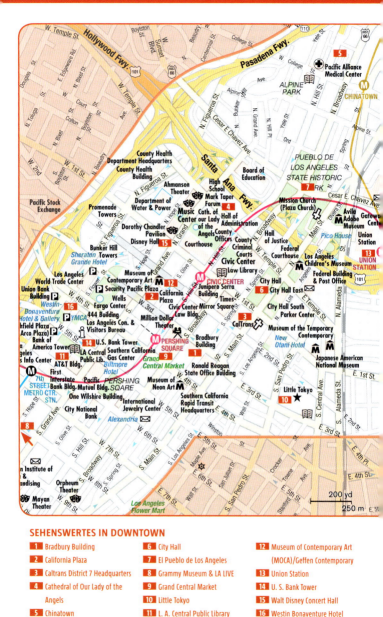

SEHENSWERTES IN DOWNTOWN

1. Bradbury Building
2. California Plaza
3. Caltrans District 7 Headquarters
4. Cathedral of Our Lady of the Angels
5. Chinatown
6. City Hall
7. El Pueblo de Los Angeles
8. Grammy Museum & LA LIVE
9. Grand Central Market
10. Little Tokyo
11. L. A. Central Public Library
12. Museum of Contemporary Art (MOCA)/Geffen Contemporary
13. Union Station
14. U. S. Bank Tower
15. Walt Disney Concert Hall
16. Westin Bonaventure Hotel

www.MARCOPOLO.de/losangeles

SEHENSWERTES

Edward Bellamys Novelle „Looking Backward" von 1887, die als Utopie die Zivilisation im Jahr 2000 beschreibt. Leider starb Wyman, bevor das Haus 1893 fertig wurde. Das Innere ist ein Kunstwerk aus Marmor, Eisen, Holz und Glas. In vielen Filmen, u. a. in „Blade Runner" und „Chinatown", diente das Haus als Kulisse. *Mo–Fr 9–17 Uhr | 304 S Broadway/W Third St.*

2 CALIFORNIA PLAZA
(131 D4) (*Q6*)
Wasserfälle und Amphitheater auf dem Watercourt, wo im Sommer INSIDERTIPP kostenlose Openairkonzerte stattfinden *(www.grandperformances.org)*. In den Grünanlagen zwischen den Glas- und Betonriesen stehen Skulpturen, das Wasser aus den Brunnen hat einen kühlenden Effekt. Hier wurde der Film „Batman Forever" gedreht. Ein Hauch von San Francisco mitten in L.A.: *Angels Flight,* die „kürzeste Eisenbahn der Welt", eigentlich ein *cable car,* verbindet den California Plaza mit dem am Fuß von Bunker Hill gelegenen Grand Central Market. Für den Fahrpreis von 50 Cent erspart man sich das Treppensteigen. *California Plaza 350 S Grand Av. | zw. W Fourth/W Third St.*

3 CALTRANS DISTRICT 7 HEADQUARTERS
(131 E4) (*R6–7*)
Das spektakuläre Gebäude hat $ 190 Mio. gekostet und den Architekten Thom Mayne zum Superstar gemacht. „Wetterfühlige" Architektur, die der Umwelt gut tut: An der Fassade angebrachte Panele aus Metall rotieren mit dem Himmel, lassen das Licht hinein, aber die Hitze draußen. Bei Sonnenschein erscheint das Gebäude fensterlos, bei Wolken wird der Bau transparent. Durch die viergeschossige Lobby ziehen sich ewig lange Neonröhren, die an die Streifen von Autolichtern auf den Freeways erinnern – perfekt für die Zentrale der *Transportation Agency,* die hier 2004 ihren neuen Sitz einnahm. *100 S Main Street/W First St.*

4 CATHEDRAL OF OUR LADY OF THE ANGELS ★ (131 E3) (*R6*)
2002 wurde in Downtown die drittgrößte Kathedrale der Welt eröffnet. Der schlichte Bau des spanischen Architekten José Rafael Moneo fasst 3000 Besucher, und nochmal 6000 finden draußen auf dem Kirchhof Platz. Es gibt ein

Klare Formensprache: Cathedral of Our Lady of the Angels

Mausoleum und eine Gruft, die zusammen über 6000 Dahingeschiedene aufnehmen können. Die Reliefs auf den fast 10 m hohen Bronzetüren, entwor-

31

DOWNTOWN

fen von Robert Graham, symbolisieren vierzig Kulturen, u. a. die der Ureinwohner von Los Angeles. *Freies Orgelkonzert Mi 12.45–13.15 Uhr, Öffnungszeiten Mo–Fr 6.30–18, Sa 9–18, So 7–18 Uhr | 555 W Temple Street | zw. Grand Av./Hill St. | www.olacathedral.org*

5 CHINATOWN
(138–139 C–D4) (*K–L3*)

Das erste Chinatown in Amerika entstand hier in der zweiten Hälfte des 19. Jhs. und beherbergte damals fast ausschließlich chinesische Arbeiter, die zum Eisenbahnbau gekommen waren. Um 1900 lebten Tausende in dem Getto mit Opiumhöhlen, Prostitution und Glücksspielen, Geschäften, Restaurants und Theatern. In den 1930ern musste das Viertel dem Bau der Grand Central Station weichen, wurde etwas nach Nordwesten verlegt und schrumpfte auf 9500 Einwohner. Es gibt einige sehr gute Restaurants und kleine Läden, in denen man Ginseng, getrocknete Haifischflossen, grünen Tee, Brokatslipper, Kimonos, Fächer und Spielzeug kaufen kann. Der *Chinatown Business Council (Touren jeden 1. Sa im Monat | $ 20 | Reservierung: Tel. 1213 6 80 02 43 | www.chinatownla.com)* bietet geführte INSIDER TIPP *Kulturspaziergänge* durch das Viertel an.

6 CITY HALL (131 E3–4) (*R6*)

Das Wahrzeichen der Stadt und Arbeitsplatz von Superman in der TV-Serie aus den 50ern wurde 1920 fertiggestellt. Das 27 Stockwerke hohe Art-déco-Schmuckstück mit dem pyramidenartigen Dach auf der Turmspitze war bis 1957 das einzige Gebäude, das das Höhenlimit von 13 Stockwerken überschritt, und bis 1959 das höchste Gebäude in Downtown. Vom *Observation Deck* hat man einen tol-

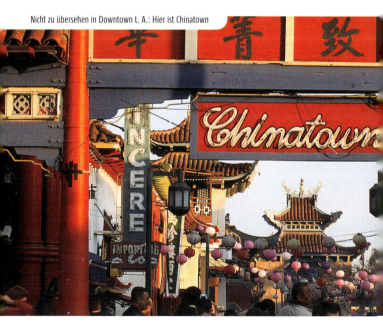

Nicht zu übersehen in Downtown L. A.: Hier ist Chinatown

SEHENSWERTES

len Blick auf den Mount Wilson. *200 N Spring St. | zw. W First/W Temple St.*

7 EL PUEBLO DE LOS ANGELES ★
(131 F2–3) (*m* S5–6)
Der „Geburtsort" von L. A. beherbergt das älteste erhaltene Haus, die *Avila Adobe (tgl. 9–16 Uhr | 10 Olvera Street | südwestl. von E. Macy St.)* von 1818. Das aus ungebrannten Lehmziegeln bestehende Gebäude ist eingerichtet wie ein Ranchhaus des 19. Jhs. Auf der Olvera Street (zwischen Main und Alameda St.) reihen sich Stände mit mexikanischen Souvenirs und Kunsthandwerk aus Silber, Leder und Ton sowie süßen Leckereien.

8 GRAMMY MUSEUM & LA LIVE
(128 A–B5) (*m* P8)
Mit dem Unterhaltungszentrum LA LIVE ist gleich neben dem Staples Center und dem Messegelände im Süden Downtowns auf 40 000 m² eine neue „Ministadt" entstanden. Hier befindet sich neben Konzerthallen, Sportarenen, Kinos, Restaurants, Clubs, Wohngebäuden und Hotels auch das *Grammy Museum*. Auf vier Etagen werden Sternstunden der Musikgeschichte und multimediale, interaktive Erlebnisse rund um die Musikindustrie präsentiert. *Mo–Fr 11.30–19.30, Sa/So 10–19.30 Uhr | $ 12.95 | 800 W Olympic Blvd./Figueroa St. | www.grammymuseum.org*

9 INSIDER TIPP GRAND CENTRAL MARKET (131 D4) (*m* Q–R7)
Der größte Markt der Stadt bietet seit 1917 alltägliche wie exotische Waren an. An den Essensständen in der alten Markthalle am Broadway findet man zwischen Tacos und Grillhähnchen auch allerlei Gewöhnungsbedürftiges wie Lammköpfe und Bullenhoden. *Tgl. 9–18 Uhr | 317 S Broadway | zw. Fourth/Third St.*

10 LITTLE TOKYO (131 E–F5) (*m* R–S7)
Nach dem verheerenden Erdbeben in San Francisco 1906 siedelten sich viele Japaner in L. A. an, wo heute die zweitgrößte japanische Überseegemeinde nach Hawaii lebt. Im Shoppingcenter *Japanese Village Plaza (zw. E First und Second St./Ecke Central Av.)* gibt's einen exotischen Supermarkt, Kuriositäten und Kunstimporte sowie kleine, preiswerte Restaurants mit japanischen Gerichten wie Sushi, Reisnudeln und Shabu Shabu. Das *Japanese American Museum (369 E First Street/Central Av. | www.janm.org)* widmet sich einem dunklen Kapitel in der US-Geschichte: Während des Zweiten Weltkriegs wurden über 100 000 Amerikaner japanischer Abstammung wegen ihrer Herkunft aus dem Feindesland in Lagern interniert. *Entlang First und Second St., zwischen S Los Angeles St. und S Central Av.*

33

DOWNTOWN

🔟 LOS ANGELES CENTRAL PUBLIC LIBRARY (130 C4) (*Q7*)
Der 1930 von Carleton Winslow Sen. und Bertram Goodhue erbaute Beaux-Arts-Komplex mit byzantinischen, ägyptischen und romanischen Einflüssen ist eine echte Augenweide. Nach einem Brandanschlag, dem 1986 zwanzig Prozent der Bücher zum Opfer fielen, wurde das Gebäude restauriert und 1993 neu eröffnet. Die Sammlung umfasst ca. 6,5 Mio. Bücher. *630 W Fifth Street | zw. Flower/Grand St. | www.lapl.org*

🔢 MUSEUM OF CONTEMPORARY ART (MOCA)/GEFFEN CONTEMPORARY ● (131 D3) (*Q6*)
Das Museum für moderne Kunst hat eine umfassende Sammlung aus Avantgarde, Conceptional und Minimalist Art. Zur Kollektion gehören die besten Werke des abstrakten Expressionismus und der Pop Art von 1940 bis heute, darunter Künstler wie Robert Rauschenberg, Jasper Johns, Mark Rothko und Franz Kline, ausgestellt im Haupthaus. Der rote Steinbau mit Glaspyramide wurde von Architekt Arata Isozaki entworfen. Die Dependance *Geffen Contemporary* im nahe gelegenen Little Tokyo (kostenloser Shuttleservice zwischen beiden Niederlassungen) befindet sich in einer von Frank O. Gehry überholten ehemaligen

Ausstellungsräume im Museum of Contemporary Art (MOCA)

Lagerhalle und zeigt wechselnde Ausstellungen. *Mo, Fr 11–17, Do 11–20, Sa/So 11–18 Uhr, Di/Mi geschl. | $ 12 (für beide Museen), Do abends (17–20 Uhr) Eintritt frei | 250 S Grand Av. | Bunker Hill; Geffen Contemporary: 152 N Central Av./First St. | Tel. 1213 6 26 62 22 | www.moca.org*

🔢 UNION STATION (131 F3) (*S6*)
Architektonisches Schmuckstück im Missionsstil und Zeuge des Glamours alter Zeiten, in denen Hollywoodstars wie Marlene Dietrich noch mit dem Zug reis-

SEHENSWERTES

ten. Der 1939 erbaute Bahnhof, ausgelegt mit Marmorböden und überzogen von kathedralenartigen Decken, wurde von den Architekten John und Donald Parkinson entworfen. Heute fahren hier die Amtrak-Fernzüge und Nahverkehrszüge des Metro-Rail- und Metrolink-Systems ab. Interessant sind die Wandmalereien zur Entwicklung von Los Angeles vom ausgehenden 19. Jh. bis in die Gegenwart. *800 N Alameda St. | zwischen E Macy St. und Santa Ana Freeway*

14 U. S. BANK TOWER
(130 C4) (ഡ Q7)

Das höchste Gebäude westlich vom Mississippi wurde 1990 von Henry N. Cobb entworfen. Der etwas über 309 m hohe Wolkenkratzer, der wie eine römische Säule in den Himmel ragt, hat 73 Stockwerke. In dem Film „Independence Day" wurde der Büroturm völlig zerstört, in der Realität steht er jedoch unversehrt an Ort und Stelle. *633 W Fifth Street | zw. S Grand Av./Hope St., gegenüber der Central Library*

15 WALT DISNEY CONCERT HALL ★
(131 D3) (ഡ Q6)

Das Zuhause der Los Angeles Philharmonic. Ein $-50-Mio.-Geschenk der verstorbenen Lillian Disney (Walt Disneys Ehefrau) gab den Anstoß für die insgesamt $ 274 Mio. teure Ergänzung zum Music Center, die im Oktober 2003 eingeweiht wurde. Die Harmonie von Form, Ästhetik und Akustik war eine Herausforderung für den Architekten Frank O. Gehry: Hier gibt es keine einzige gerade Wand. Das Gebäude gleicht einer Ansammlung von geblähten Segeln aus glänzendem Edelstahl, die Himmel und Wetter reflektieren. Die 2265 Sitze fassende Halle ist nicht nur einmalig in der optischen Gestaltung, sie hat auch eine tolle Akustik. Im Amphitheater auf dem Dach der Kon-

zerthalle können sie diese in den Sommermonaten auch selbst austesten. Beim kostenlosen **INSIDER TIPP** *Friday Night Sing-Along* (Fr 18 Uhr) singen Hunderte von Besuchern im Chor. *111 S Grand Av./First St. | www.disneyhall.com*

16 WESTIN BONAVENTURE HOTEL ✿
(128 C4) (ഡ Q6)

Einen schönen und kostenlosen Blick über Downtown hat man vom **INSIDER TIPP** gläsernen Fahrstuhl des Hotels, das von John Portman entworfen und 1976 gebaut wurde. Der Fahrstuhl saust außen am Gebäude in atemberaubender Fahrt 35 Stockwerke rauf und runter (nur für Schwindelfreie!). Oben angekommen, sollte man die *Bona Vista Lounge* besuchen, die sich langsam dreht, und bei einem der tollen Cocktails den phantastischen Blick über die Stadt genießen. *404 S Figueroa St. | zw. Fourth/Fifth St.*

HOLLYWOOD

Hoffnungsvolle Jungschauspieler, Models, Fotografen, Drehbuchautoren und solche, die's noch werden wollen, bevölkern die Cafés und Restaurants. Der Dresscode ist cool-hip, die Preise sind moderat und die Nächte lang.

CITY **WOHIN ZUERST?**
Dolby Theatre (132 B1) (ഡ G6): Am besten das riesige Parkhaus unter dem Theater anfahren *(6801 Hollywood Blvd. | Vine).* Hier befindet sich auch die U-Bahn-Haltestelle *Hollywood & Vine* der Red Line. Attraktionen wie der *Walk of Fame,* das *Chinese Theatre* und *Madame Tussauds* liegen direkt vor der Tür.

35

HOLLYWOOD

Um den Hollywood und Sunset Boulevard herum findet man den historischen Kern der Filmindustrie mit Attraktionen wie dem *Hollywood Walk of Fame,* wo Sterne der Stars den Bürgersteig schmücken. In den 1980er-Jahren wurde der damals heruntergekommene Hollywood Boulevard (von Gower St. bis La Brea Av.) mit seinen Prunkbauten aus den 1920er- und 1930er-Jahren unter Denkmalschutz gestellt. Nach umfangreichen Restaurierungen und der Ergänzung um ambitionierte Neubauten ist der Hollywood Boulevard heute wieder ein Touristenzentrum. Rund um das *Chinese Theatre* ist das Gedränge am dichtesten. Kinofans stehen auf allen Vieren in den Hand- und Fußabdrücken von Leinwandikonen. Kleindarsteller in Kostümen von Superman, Marilyn Monroe und Charlie Chaplin posieren gegen Dollarspenden für Fotos mit Touristen. Busfahrer buhlen um Kundschaft für Stadt-

rundfahrten. Der benachbarte *Hollywood & Highland Entertainment Complex* ist ein Supercenter mit Kinos, Hotel, Restaurants, Clubs, Geschäften und dem *Dolby Theatre,* in dem die Oscars verliehen werden. Auf 6360 W Sunset Blvd./Vine Street konkurriert der *Cinerama Dome,* ein exzellentes Beispiel futuristischer Architektur der 1960er-Jahre, seit seiner Renovierung eingebettet in das neue *Arc Light Hollywood Center,* mit 14 Filmtheatern, Health Club, Restaurant und Café im mit Palmen bestandenen Innenhof. Klassisches Hollywood findet man eher nördlich vom Sunset Boulevard. In den kurvigen Canyons, wie Nichols und Laurel Canyon, stehen viele phantasievolle Prachtbauten des „Goldenen Zeitalters": Schlösschen und Landhäuser, maurische Tempel und spanisch anmutende Haciendas. Hier wohnen nach wie vor viele Filmstars, Produzenten und Künstler. Oben angekommen, sollten Sie in den Mulholland Drive einbiegen – an ihm finden sich mehrere Aussichtspunkte, von denen aus man die Stadt und das Meer in ihrer bzw. seiner ganzen Pracht sehen kann.

Einst Theater, heute Kino: El Capitan Theatre am Hollywood Boulevard

1 CAPITOL RECORDS TOWER
(133 E1) *(∅ K6)*

Der runde, zwölfstöckige Turm von 1956 ist ein Wahrzeichen von Hollywood. Er sieht aus wie ein Stapel alter Vinylschallplatten. Das Blinklicht auf dem Dach morst „Hollywood". *1750 N Vine St./Yucca Street | zw. Franklin Av. und Hollywood Blvd.*

2 DOLBY THEATRE ⭐
(132 B1) *(∅ G6)*

Hier werden seit 2002 die Oscars verliehen. Touren führen hinter die Kulissen des Hightech-Saals, in dem auch Shows und Konzerte stattfinden. Und eine echte Oscar-Statue bekommt man auch zu sehen. *Tgl. Touren | $ 17 | 6801 Hollywood*

SEHENSWERTES

SEHENSWERTES IN HOLLYWOOD

1. Capitol Records Tower
2. Dolby Theatre
3. El Capitan Theatre
4. Fahey/Klein Gallery
5. Griffith Park
6. Hollywood Forever Cemetery
7. Hollywood Sign
8. Hollywood & Vine Metro Station
9. Madame Tussauds Hollywood
10. Melrose Avenue
11. Mulholland Drive
12. TCL Chinese Theatre
13. Walk of Fame

Blvd./Highland | Tel. 1323 308 63 00 | www.dolbytheatre.com

3 EL CAPITAN THEATRE
(132 B2) (*G7*)
Gegenüber vom Dolby Theatre funkeln Tausende Lampen an der Fassade des 1926 im spanischen Kolonialstil errichteten Prachtbaus. Heute ist das Ex-Theater

ein Kino, in dem das Disney-Studio seine Filme zeigt. *6838 Hollywood Blvd.*

4 FAHEY/KLEIN GALLERY
(136 C3) (*G3*)
Zeitgenössische und *vintage*-Fotografie. Hier hängen Werke der besten Fotografen der Welt: Irving Penn, Herb Ritts, Horst P. Horst, Allen Ginsberg, Alfred

37

HOLLYWOOD

Stieglitz, Man Ray u. a. Zudem Wechselausstellungen. *Di–Sa 10–18 Uhr | 148 N La Brea | zw. First St./Beverly Blvd. | www.faheykleingallery.com*

5 GRIFFITH PARK (140 C2) (*H–J1*)
Der größte Stadtpark der Nation hat 90 km Wander- und Radwege. Einer der schönsten ist der *Ferndell Trail*, der seinen Namen von den 140 Farnarten hat, die $ 93 Mio. teuren Renovierung beherbergt es eines der modernsten Planetarien der Welt. Die INSIDERTIPP *Sternenshows (Mi–Fr 12–22, Sa/So 10–22 Uhr | $ 7),* unterstützt von digitaler Laserprojektion und exzellentem Soundsystem, lassen Besucher tief in entfernte Galaxien eintauchen. Im *Greek Theatre* finden im Sommer Openairkonzerte statt. Außerdem befinden sich hier das *Autry*

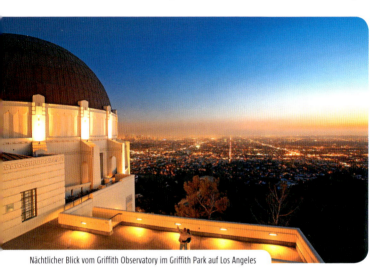

Nächtlicher Blick vom Griffith Observatory im Griffith Park auf Los Angeles

hier gedeihen. Wer mag, setzt sich aufs Pferd; es gibt mehrere Ställe im Park. Ein besonderes Erlebnis sind die abendlichen INSIDERTIPP *Sunset Rides* von der *Sunset Ranch (Tel. 1323 4 69 54 50)*. In der südöstlichen Ecke neben dem Los-Felíz-Eingang ist das Kinderparadies mit Ponyreiten und Karussells. Der weiße Kuppelbau des ☼ *Griffith Observatorium und Planetarium (2800 E Observatory Drive)* ist unter anderem aus dem James-Dean-Streifen „Denn sie wissen nicht, was sie tun" bekannt. Von hier aus hat man einen tollen Blick auf L. A. und das Hollywoodzeichen. Seit der umfangreichen,

Museum of Western Heritage und der *Los Angeles Zoo*. Es gibt mehrere Eingänge, am besten ist *4730 Crystal Springs Drive (vom I-5 Fwy.)*, wo die Rangerstation Karten und Informationen bereithält.

6 INSIDERTIPP HOLLYWOOD FOREVER CEMETERY (137 E2) (*G–H2*)
Die berühmtesten Toten auf diesem eleganten Friedhof sind Rudolph Valentino, Jane Mansfield und Johnny Ramone. Dazwischen liegen auch Normalsterbliche, Einwanderer aus der Ukraine, Deutschland oder Mexiko. An Wochenenden ehren Mexikaner ihre Verstorbenen traditi-

SEHENSWERTES

onell mit Picknick auf den Gräbern und Tequila. An den *Lifestories Kiosks* kann man die liebevoll zusammengetragenen Lebensgeschichten der hier begrabenen Menschen, ob berühmt oder nicht, anschauen. Im Sommer tummelt sich samstags und sonntags das Partyvolk. DJs legen auf, und auf die Mauern des Mausoleums werden Hollywood-Film-klassiker projiziert. Decke, Snacks und eine Flasche Wein (Alkohol ist hier nicht verboten, weil es sich um Privatgelände handelt) garantieren ein tolles Erlebnis. *6000 Santa Monica Blvd./Beachwood Dr. | www.hollywoodforever.com | Info zu Filmen und DJs: www.cinespia.org*

7 HOLLYWOOD SIGN ● ☼
(140 C2) (ℳ H1)

Die legendären, 15 m hohen Buchstaben warben ab 1923 für die neu erschlossene Wohngegend *Hollywoodland,* 1949 wurde das „land" abmontiert. **INSIDER TIPP** Für das beste Foto muss man hoch in die Hügel hinauffahren. Von Franklin Avenue biegt man nördlich ab auf den N Beachwood Drive. Von dort geht es über extrem kurvige Straßen links auf Ledgewood und rechts auf Deronda Drive – bis zum Ende. Zu Fuß laufen Sie an der Stra-

ßensperre vorbei. Nach ein paar Metern hat man den vollen Blick auf das Wahrzeichen. Wer nicht so viel Zeit hat, kann auch im *Hollywood & Highland Complex* einen schnellen Schnappschuss machen, und zwar vor dem Restaurant *California Pizza Kitchen* auf der zweiten Etage. Man kann vom Griffith Park aus auch zum Zeichen hinaufklettern. Der Spaziergang (8 km hin und zurück) lohnt sich auch wegen der tollen Aussicht auf die Stadt (siehe auch Kapitel „Stadtspaziergänge").

8 HOLLYWOOD & VINE METRO STATION (133 E2) (ℳ K7)

Der einst berühmtesten Kreuzung der Welt, wo die Stars in den Anfängen Hollywoods flanierten, wurde mit dieser U-Bahn-Station ein Denkmal gesetzt. Filmspulen dekorieren die Decke, ausgestellt sind u. a. Filmprojektoren aus den 1930er-Jahren. Der Fußboden sieht aus wie die *yellow brick road* aus „Der Zauberer von Oz". *Hollywood Blvd./Vine St.*

9 MADAME TUSSAUDS HOLLYWOOD
(132 B2) (ℳ H7)

Hier gibt's Hollywoodgrößen aus Wachs zu sehen; darüber hinaus werden interaktive Erlebnisse rund um rote Teppiche,

ZU DEN HOTSPOTS

Auf dem Hollywood Boulevard kann man Doppeldecker-, Safari- oder ganz normale Busse für kurze oder längere Touren durch Hollywood und zu den Villen der Stars besteigen. Einen schnellen Überblick verschafft man sich bei der Touristeninformation direkt am Eingang zum *Dolby Theatre,* wo Prospekte aller Anbieter ausliegen. Es gibt auch spezialisierte Touren wie „Dearly Departed",

die die Schauplätze berühmter Todesfälle und Hollywoodskandale ansteuert *(www.dearlydepartedtours.com)*. Ein Muss für ambitionierte Hobby-Promijäger ist die *TMZ-Tour* der gleichnamigen Klatsch-Webpage. Im Bus werden Sie zu den Hotspots der Stadt gefahren und mit dem neuesten Promiklatsch und Insiderinfos aus dem Showbiz versorgt *(www.tmz.com)*.

HOLLYWOOD

Filmsets, Preisverleihungen und Paparazzi geboten. Wer ein *Fast-Track*-Ticket im Voraus online kauft, spart 20 Prozent vom Eintrittspreis. *Tgl. ab 10 Uhr | $ 27 | 6933 Hollywood Blvd./Orange Dr. | www.madametussauds.com*

🔟 MELROSE AVENUE
(136 C3) (*ω F–G2*)
Eine der verrücktesten Einkaufsstraßen der Stadt: Hier sieht man, was morgen in ist. Hip-Restaurants, Cutting-Edge-Friseure, witzige Souvenirs, Wasserpfeifen, Plastikstiefel und Stretchkleider sowie Secondhandläden. *Zw. Fairfax/La Brea Av.*

🔟 INSIDER TIPP MULHOLLAND DRIVE ☀ (136 C1) (*ω E–G1*)
Er bildet die über 35 km lange Grenze zwischen L. A. und dem San Fernando Valley. Der Drive windet sich vom Cahuenga Pass in Hollywood bis zum Leo Carrillo State Beach am Pazifik und bietet viele wunderschöne Aussichtspunkte auf das Valley, die Stadt und die teuren Häuser von Stars wie z. B. Robbie Williams. Der Name stammt von dem Iren William Mulholland, der den ersten Aquädukt für die Stadt entwickelte und damit L. A.s rasantes Wachstum in Gang brachte.

🔟 TCL CHINESE THEATRE
(132 B2) (*ω G2*)
Der chinesische Phantasiebau mit Pagoden und Tempeln von Filmimpresario Sidney Grauman erlebte seit der Fertigstellung 1927 viele Premieren. ● Auf dem Vorplatz sind Hand- und Fußabdrücke von Stars, z. B. Humphrey Bogart und Marilyn Monroe, einzementiert.

ENTSPANNEN & GENIESSEN

L. A. hat ein breites Wellnessangebot, von Spas in den Stadtteilen bis zu Rundum-Verwöhntempeln. Das opulente ● *Wi Spa* **(137 F4)** (*ω J3*) *(Eintritt ab $ 15 | Body Scrub $ 30 | Tel. 1 213 4 87 27 00 | 2700 Wilshire Blvd. | Koreatown | www.wispausa.com)*, ein traditionelles koreanisches Badehaus mit Saunen und Bädern, hat rund um die Uhr geöffnet. Es gibt getrennte, textilfreie Etagen für Männer und Frauen. Auf einer dritten Etage stellt das Spa Shorts und Shirts bereit, damit man zusammen saunieren kann. Das beste sind die traditionellen Ganzkörperpeelings, die kräftige Masseusen in schwarzen BHs und Höschen mit kratzigen Schwämmen verabreichen. Sind Ihre Füsse noch im Winterschlaf? Bei ● 😊 *La Vie L'Orange* **(136 B3)** (*ω E2*) *(ab $ 30 | Tel. 1 310 2 89 25 01 | 638 ½ N. Robertson Blvd. | im Innenhof hinter Hedley's Restaurant | West Hollywood | www.lavielorange.com)* werden sie in Milch und Honig gebadet, bevor die Nägel hübsch lackiert und die Füße damit sandalentauglich gemacht werden. Natürlich gibt es den Service auch für die Hände. Der Nagelsalon ist chemiefrei, es werden ausschließlich Produkte mit natürlichen Inhaltsstoffen verwendet. Heilmasseurin *Britta Werner (ab $ 130 | Tel. 1 310 5 92 88 84 | Playa del Rey | www.brittasbodywork.com)* spricht nicht nur Deutsch, sondern bringt ihren Massagetisch auch zu ihren Kunden ins Hotel. Zu ihrem Repertoire gehören neben entspannenden schwedischen Massagen und Akupressur auch Sport-, Tiefengewebs- und Reflexzonenmassagen.

40   www.marcopolo.de/losangeles

SEHENSWERTES

6925 Hollywood Blvd. | zw. Orchid Av./N Orange Dr. | www.tclchinesetheatres.com

🔟 WALK OF FAME
(135 D–E2) (*G–L7, K6-7*)
1960 dachte sich die Hollywood Chamber of Commerce die größte PR-Aktion seit der Errichtung des Hollywood-Zeichens aus und begann entlang von Hollywood Boulevard und Vine Street die Namen berühmter Entertainer in pinkfarbenem Terrazzo zu verewigen. Neben Hollywoodstars findet man auch Musiker und Comic-Figuren wie Bugs Bunny und Kermit den Frosch. Viermal wurden Sterne schon gestohlen. 2005 filmten Überwachungskameras Unbekannte, die nachts Gregory Pecks Stern aus dem Bürgersteig sägten. Die Plakette wurde im Folgejahr ersetzt, die Diebe nicht gefasst. Ein nach Namen sortiertes Verzeichnis der Sterne mit Standortangaben findet man unter *www.walkoffame.com*. Ein- bis zweimal im Monat INSIDER TIPP ▶ werden neue Sterne enthüllt. Bei den Zeremonien kann man die Geehrten und prominente Kollegen aus der Nähe sehen. Termine auf der Webpage.

BEVERLY HILLS/WEST HOLLYW./ MID-WILSHIRE

Mit ein bisschen Glück kann man hier den Hollywoodstars so richtig nahe kommen: Promis beim Shoppen und Ausgehen, Paparazzi in voller Aktion, Nobelvillen, Trend-Boutiquen und Bentleys mit Chauffeur.

Die Sterne der Stars: Walk of Fame

Das Epizentrum von Beverly Hills wird von Wilshire und Santa Monica Boulevard im Süden und Norden sowie Canon Drive im Osten definiert. Im „Goldenen Dreieck" befindet sich rund um den Rodeo Drive das exklusivste Einkaufsviertel von L. A. Roxbury Drive und Bedford Drive im Westen haben den Spitznamen Couch Canyon, weil in diesen Straßen mehr Psychotherapeuten praktizieren als irgendwo sonst in der Stadt. Übertroffen werden sie nur von der Anzahl der Schönheitschirurgen, die hier ebenfalls ihre Praxen haben. Nördlich von Santa Monica, in den Flatlands, der Tiefebene von

BEVERLYHILLS/WESTHOLLYW./MID-WILSHIRE

Beverly Hills, stehen viele beeindruckende Anwesen. Vom Sunset Boulevard aus lohnt sich ein Schlenker durch die Canyons, wo man weitere imposante Anwesen mit interessanter Architektur bewundern kann. Den Boulevard säumen blau-gelbe Schilder, die Star Maps (Karten mit Adressen von Prominenten) anbieten. Die sind allerdings nie aktuell und die $5 nicht wert. Die Promis, die hier leben, halten ihre Adressen so geheim, dass sie mit den Star Maps von Touristen nicht zu finden sind. Den berühmten ★ *Sunset Strip* zwischen La Cienega Blvd. und Doheny Dr. bevölkerten in den 1930er- und 40er-Jahren Kasinos, Callgirls und Nightclubs. Viele Stars hielten sich ein Apartment im *Chateau Marmont* oder im heutigen Hotel *Sunset Tower*. In den 1960er-Jahren war der Strip ein Hippieparadies. Heute findet man hier Rockclubs, in denen Bands auf den Spuren der Stones oder der Doors spielen, Restaurants und zwischen den größten Plakatwänden der Welt den Buchladen *Booksoup,* in dem berühmte Autoren Lesungen halten. Entlang des Santa Monica Blvd. ist die *gay town* von L. A., das Zentrum der Schwulen- und Lesbenkultur der Stadt. Südöstlich von West Hollywood beginnt der Mid-Wilshire-Bezirk. Die *Miracle Mile,* wie der Wilshire Boulevard zwischen Fairfax und La Brea Avenue

> **CITY WOHIN ZUERST?**
> **Rodeo Drive (136 A3–4) (*D–E3*):** Direkt auf dem Rodeo Drive findet man viele ausgeschilderte Parkhäuser. Von hier aus empfiehlt sich ein Schlenker durch die Canyons im Norden, bis hinauf zum Mulholland Drive, und zurück zum Sunset Blvd. Dann via Robertson Blvd. südlich zum Wilshire Blvd. und zum *L. A. County Museum,* einem Muss für Kunstfreunde.

Hier zeigt man, was man hat: Rolls Royce am Rodeo Drive

SEHENSWERTES

SEHENSWERTES IN BEVERLY HILLS/WEST HOLLYW./MID-WILSHIRE

1. Beverly Hills Hotel
2. Chateau Marmont
3. Farmers Market/The Grove
4. Gagosian Gallery
5. Hancock Park
6. La Brea Tar Pits & Page Mus.
7. Los Angeles County Museum of Art (LACMA)
8. Museum of Tolerance
9. Pacific Design Center
10. Petersen Automotive Museum
11. Robertson Boulevard
12. Rodeo Drive
13. Schindler House & MAK Design Center for Art and Architecture

genannt wird, ist von Hochhäusern und historischen Bauten aus der ersten Häfte des 20. Jhs. gesäumt. Im Park, der sich an das Kunstmuseum LACMA anschließt, befinden sich die *La Brea Tar Pits,* Teertümpel, die an den Ölboom in den Gründerjahren der Stadt erinnern. Das schicke Wohnviertel *Hancock Park* wurde von einem dieser frühen Ölmilliardäre in den 1920er-Jahren errichtet.

1 BEVERLY HILLS HOTEL
(136 A3) *(ℳ 0)*
Wenn man sich die Übernachtung im Pink Palace am Sunset Boulevard nicht leisten kann, kann man zumindest durch

43

BEVERLYHILLS/WESTHOLLYW./MID-WILSHIRE

die Hotelhallen schlendern und Fotos von Douglas Fairbanks und Mary Pickfort, Marilyn Monroe und der jungen Elizabeth Taylor (beim Besuch in der Kunstgalerie ihres Vaters in diesem Hotel) bewundern. Anschließend können Sie in der berühmten Polo-Lounge, in der schon so mancher Hollywood Powerplayer saß, eine Kleinigkeit essen oder in der Bar einen erfrischenden Drink nehmen. *9641 Sunset Blvd. | www.thebeverlyhillshotel.com*

2 CHATEAU MARMONT
(136 B–C2) (*M F2*)

In dem weißen Schlösschen über dem Sunset Boulevard wurde Hollywoodgeschichte geschrieben. 1927 als Luxusapartmenthaus erbaut, wurde es 1931 in ein Hotel umgewandelt. Greta Garbo versteckte sich hier wochenlang vor der Öffentlichkeit. Das Haus ist bis heute ein Magnet für Filmstars und Rockgrößen. Fotograf Helmut Newton starb hier 2004 nach einem Autounfall auf der Hotelauffahrt. *8221 W Sunset Blvd.*

3 FARMERS MARKET/THE GROVE
(136 C3) (*M F3*)

Die gut 100 Essens- und Verkaufsstände locken u. a. mit Austern, Cajun Gumbo, frisch gepresstem Orangensaft, hausgemachter Erdnussbutter und Leckereien aus aller Welt. Beim 🌱 *Veggie Grill (Stand A16)* gibt es fleischlose Burger und andere vegane Köstlichkeiten. Nebenan bietet die gigantische Outdoor-Mall *The Grove* zahlreiche amerikanische Ladenketten, Kinos und Restaurants. *Tgl. ab 9 Uhr | 6333 W Third St. | Ecke Fairfax Av. | www.farmersmarketla.com*

4 GAGOSIAN GALLERY
(136 A3) (*M D3*)

Die Beverly-Hills-Niederlassung des legendären Galeristen Larry Gagosian wurde von Richard Meier (dem Architekten

des Getty Centers) entworfen und vertritt berühmte Künstler wie Damien Hirst, Andy Warhol und Robert Rauschenberg. *Di–Sa 10–17.30 Uhr | Eintritt frei | 456 N Camden Drive | Beverly Hills | Tel. 1310 2 71 94 00 | www.gagosian.com*

5 HANCOCK PARK (136 C4) (*M F3*)

Elegantes Wohnviertel aus den 1920er-Jahren. Bis heute residieren hier die wohlhabendsten Familien der Stadt. Zäune sind verpönt, Telefon- und Stromleitungen ausnahmsweise unterirdisch verlegt, wodurch der Blick auf klassische L. A.-Architektur im XXL-Format ungetrübt ist. *Zw. Highland und Rossmore Av.*

6 LA BREA TAR PITS & PAGE MUSEUM (136 C4) (*M F3*)

Vor 40 000 Jahren bahnte sich hier Öl den Weg an die Oberfläche, bildete Tümpel und verwandelte sich in eine zähflüssige Masse, die zur Todesfalle für Tiere und Pflanzen der Eiszeit wurde. Den schwarzen Teer, der heute noch brodelt, kann man aus sicherer Entfernung sehen, bevor man im Museum die Funde besichtigt: Säbelzahntiger, Mammuts, Wölfe, Kamele, Mastodons, Bären, Vögel, Eidechsen, Reptilien etc. Durch die Scheiben des Labors kann man beobachten, wie die Funde gereinigt und zusammengesetzt werden. Ein Hologramm zaubert Fleisch und Kleidung auf die 9000 Jahre alte La-Brea-Frau, deren Skelett hier gefunden wurde. *Tgl. 9.30–17 Uhr | $ 12, jeden 1. Di im Monat Eintritt frei | 5801 Wilshire Blvd. | östl. von Fairfax Av., zw. S Curson Av./S Ogden Dr. | Tel. 1323 32 39 34 72 43 | www.tarpits.org*

7 LOS ANGELES COUNTY MUSEUM OF ART (LACMA) ⭐
(136 C4) (*M F3*)

Das größte Kunstmuseum an der Westküste verteilt sich auf sieben Gebäude

44   www.marcopolo.de/losangeles

SEHENSWERTES

und umfasst 100 000 Objekte sowie sämtliche Epochen der Kunstgeschichte. Der Campus wurde 2008 um das *Broad Museum of Contemporary Art* ergänzt, ein Entwurf des Architekten Renzo Piano. Die dort ausgestellte Gegenwartskunst aus der Privatsammlung des Milliardärs Eli Broad umfasst Werke u. a. von Damien Hirst, Jeff Koons, Robert Rauschenberg, Jasper Johns, John Baldessari, Jean-Michael Basquiat, Barbara Kruger und Cindy Sherman. Atemberaubend sind zwei begehbare Stahlskulpturen von Richard Serra, die sich über das komplette Parterre erstrecken. Noch mehr begehbare Kunst findet man im Außenbereich des Museums. „Levitated Mass" von Michael Heizer erlaubt es, unter einem 340 Tonnen schweren Granitklotz zu stehen. Die „Urban Lights", eine Installation aus 202 restaurierten Straßenlampen aus den 1920er- und 1930er-Jahren, erstrahlen besonders schön nach Anbruch der Dunkelheit. Weitere Schwerpunkte sind asiatische, islamische und lateinamerikanische Kunst. Auch die Renaissance, niederländische und flämische Kunst des 17. Jhs., Impressionisten und Postimpressionisten sowie deutsche Expressionisten sind vertreten. Die Sammlung des 20. Jhs. umfasst Klassiker der Moderne wie Matisse, Picasso, Braque und Kandinsky. Freitagabends gibt es im Innenhof Jazzkonzerte bei freiem Eintritt. *Mo/Di, Do 12–20, Sa/So 10–19, Fr 11–20 Uhr |*

Fast in Lebensgröße: nachgebildetes Mammut im Page Museum

$ 15, am 2. Di des Monats ganztägig Eintritt frei | 5905 Wilshire Blvd. | östl. von Fairfax Av. | Tel. 1323 8 57 60 00 | www.lacma.org

8 MUSEUM OF TOLERANCE
(136 A4) (*E4*)

Hier beleuchten interaktive Multimedia-Ausstellungen die Phänomene Rassismus und Vorurteile – z. B. die *L. A. Riots* von 1992 und die über 250 amerikanischen *Hate-Groups*. Mittelpunkt des zum Simon Wiesenthal Center gehörenden Museums ist der Holocaust, die Vernichtung der Juden durch die deutschen Na-

45

BEVERLYHILLS/WESTHOLLYW./MID-WILSHIRE

tionalsozialisten. Am Eingang bekommt jeder Besucher einen Pass mit Foto und Namen eines Opfers: Beim Gang durch die Abteilung, die einem Konzentrationslager nachgebaut ist, erfährt man die Geschichte dieses Menschen und ob er den Völkermord überlebt hat. *Mo–Fr 10–17, So 11–17 Uhr | $ 15 | 9786 W Pico Blvd. | Roxbury Dr. | www.museumoftolerance.com*

9 PACIFIC DESIGN CENTER
(136 B3) (ᗕ E2)

Von dem argentinischen Architekten Cesar Pelli entworfen und 1975 gebaut, hat der *Blue Whale*, wie das kobaltblaue Glasungeheuer auch genannt wird, die Gemüter erhitzt. Seinem Bau fielen fast alle kleinen Geschäfte auf Melrose Avenue zum Opfer. Mit ca. 130 Showrooms ist es das größte Zentrum für Interieurdesign an der Westküste. Trotz der Kritik erwies sich das Gebäude als Erfolg und wurde 1988 um einen zweiten Flügel in dramatischem Grün und 2011 um einen Bürokomplex in Knallrot erweitert. Auf dem Campus hat auch das *Museum of Contemporary Art (Eintritt frei)* eine Zweigstelle eröffnet, das die Arbeit aufstrebender Künstler der Bereiche Architektur, Design, Fotografie und Gegenwartskunst zeigt. *8687 Melrose Av./San Vicente Blvd. | West Hollywood | www.pacificdesigncenter.com*

10 PETERSEN AUTOMOTIVE MUSEUM
(136 C4) (ᗕ F3)

Das 1994 von dem Verleger Robert E. Petersen eröffnete Museum besitzt die größte Sammlung zur Autokultur in Amerika: historische Fahrzeuge wie das Ford-Modell T von Dick und Doof, futuristische und berühmte Autos aus Film und Fernsehen sowie über 100 seltene Rennwagen. Besucher gehen durch Straßenszenen der 1920er- und 1930er-

Jahre. Kinder haben Spaß im Autosimulator oder auf dem Feuerwehrauto. *Di–So 10–18 Uhr | $ 11 | 6060 Wilshire Blvd./Fairfax Ave. | Tel. 1323 9 30 22 77 | www.petersen.org*

11 ROBERTSON BOULEVARD
(136 B3) (ᗕ E3)

Zwischen Melrose Avenue und Third Street kann man die jüngsten, hippsten Edeltrends der Stadt aufspüren. Vor dem legendären Restaurant *The Ivy* tummeln sich häufig die Paparazzi. Auf der Terrasse, die den Boulevard überblickt, speist fast immer irgendein Hollywood-Star. Sicheres Zeichen, dass ein Leinwandidol in unmittelbarer Nähe ist: rennende Fotografen und Kolonnen von SUVs, deren Fahrer sämtliche Verkehrsregeln brechen. Das ganze gepaart mit großem Geschrei – „Paris! Lindsay! Britney! Eva!" – und Blitzlichtgewitter. *Zw. Beverly Blvd. und W Third St.*

12 RODEO DRIVE ★ ●
(136 A3–4) (ᗕ D–E3)

Das Mekka für millionenschwere Selbstdarsteller. Im Parterre sind sämtliche Edel-Juweliere und Couture-Designer der Welt mit Showrooms vertreten. In den höheren Etagen werden Botoxpartys gefeiert, Nasen verkleinert und Brüste vergrößert. Nirgendwo auf der Welt gibt es eine so hohe Konzentration von Schönheitschirurgiepraxen und Luxusläden. Die Ergebnisse kann man dann auf dem Bürgersteig bewundern. Hier flanieren perfekt gestraffte California Beautys, an einem Arm die Designerhandtasche, am anderen ein Miniaturhündchen, das nicht selten ebenfalls in einer schicken Tasche getragen wird. Es lohnt sich, die Boutiquen von innen anzuschauen. Das Personal ist auch freundlich, wenn man nur mal gucken will. *Zwischen Santa Monica Blvd. und Wilshire Blvd.*

SEHENSWERTES

13 SCHINDLER HOUSE & MAK DESIGN CENTER FOR ART AND ARCHITECTURE (136 B3) (*F2*)

Hier lebte und arbeitete der in Wien geborenen Architekt Rudolph Michael Schindler (1887–1953). Er war 1914 nach Chicago ausgewandert, wo er seit 1918 für Frank Lloyd Wright arbeitete. 1922 machte er sich in Los Angeles selbstständig. Das für Schindlers Raumkonzeption in der Wechselwirkung zwischen Innen- und Außenbereich typische *Kings-Road-House* war als Lebens- und Arbeitsraum für zwei Paare konzipiert, mit Gemeinschaftsküche und einem Gästeapartment. Das Zuhause von Schindler und Ehefrau Pauline wurde zu einem intellektuellen Mittelpunkt der Avantgarde-Kunst. 150 der 400 Schindler-Entwürfe, überwiegend kostengünstige Einfamilienhäuser für progressive Kunden, wurden während seiner Karriere auch errichtet. In Schindlers Tradition präsentiert das *MAK Center,* eine Nebenstelle des österreichischen Museums für Angewandte und Gegenwärtige Kunst, Ausstellungen und Vorträge zu Architektur, Design und den Schnittstellen der Gegenwartskunst. *Mi–So 11–18 Uhr | Eintritt $ 17 inkl. Tour, Fr 16–18 Uhr Eintritt frei | 835 N Kings Road | West Hollywood | www.makcenter.org*

SANTA MONICA/VENICE

Entspanntes Epizentrum des California Beach Life: Die Luft ist sauber, die Straßen sind fußgänger- und fahrradfreundlich. Im gediegenen Norden von Santa Monica leben meist Familien des gehobenen Mittelstands, in den südlichen Teilen Yuppies und Singles, die sich die hohen Mieten leisten können.

Der breite Sandstreifen, an dem die Megametropole die Brandung des Pazifiks grüßt, ist in Santa Monica von Luxushotels gesäumt. Aus den Gondeln des ☀ Riesenrads am Ende des Vergnü-

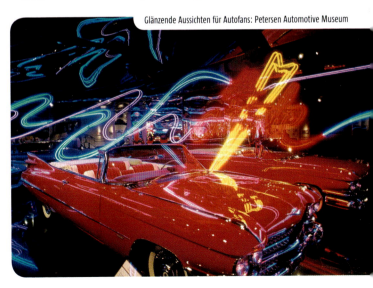

Glänzende Aussichten für Autofans: Petersen Automotive Museum

47

SANTA MONICA/VENICE

gungspiers kann man die Aussicht auf Meer und Stadt genießen. Gen Süden, wo die Strandpromenade von ● ★ *Venice Beach* beginnt, wird es lauter und bunter. Straßenkünstler beschwören Schlangen, es wird für die Legalisierung von Marihuana demonstriert, Souvenirläden bieten T-Shirts und Bade-Ac-

Trubel auf der Promenade von Venice Beach

cessoires feil, während Surfer mit ihrem Brett unterm Arm der perfekten Welle entgegenrennen. Es lohnt sich auch ein Spaziergang vom Strand zu den Kanälen, wo autofreie Wege und kleine Brücken über romantische Wasserläufe führen. Weiter gen Osten trifft man auf Abbot Kinney Boulevard, wo man sich in den Cafés, Restaurants, kleinen Boutiquen und Galerien unter die aufgeschlossenen Bewohner von Venice mischen kann: junge Kreative, vor allem aus der Film- und der Designbranche.

🔲 ABBOT KINNEY BOULEVARD
(133 F5) (*📍 D2*)

Wenige Straßenblöcke vom Trubel am Strand entfernt findet der Alltag von Venice statt. Entlang der abwechslungsreichen Straße, die von alten Holzhäusern und modernen Lofts gesäumt wird, laden Boutiquen mit exquisitem Sortiment – Mode, Kunst, Designartikel – sowie nette Cafés zum Verweilen ein. Das Flair ist international und entspannt, man trifft auf Auswanderer aus Europa und kreative Köpfe. Kaffeepause? Am besten bei *Intelligentsia (1331 Abbot Kinney Blvd.)*. Für die auf Bestellung einzeln aufgebrühten Tassen steht ganz Venice geduldig an.

CITY ▶ WOHIN ZUERST?

Santa Monica Place Mall (132 B6) (*📍 B2*)**:** Im Einkaufszentrum *(395 Santa Monica Place)* gibt es Parkmöglichkeiten. Von hier sind *Third Street Promenade* und der *Santa Monica Pier* zu Fuß erreichbar. Wer Venice Beach erkunden möchte, fährt weiter zum *Abbot Kinney Blvd.* Das Herz von Venice ist ein guter Ausgangspunkt für einen Spaziergang durch die Kanäle und entlang der Strandpromenade.

SEHENSWERTES

SEHENSWERTES IN SANTA MONICA/VENICE

- **1** Abbot Kinney Boulevard
- **2** Bergamot Station & Santa Monica Art Museum
- **3** Santa Monica Pier
- **4** Segway Los Angeles
- **5** Third Street Promenade
- **6** Venice Boardwalk
- **7** Venice Canals
- **8** Venice Renaissance Building und Binoculars

Entlang des Boulevards findet auch das Nachtleben von Venice statt, hier gibt's erstklassige Restaurants und ein paar Bars. An jedem INSIDER TIPP *First Friday* (dem ersten Freitag des Monats) wird in den Galerien und Läden gefeiert, die Straße ist bis Mitternacht von Dutzenden Foodtrucks gesäumt.

2 BERGAMOT STATION & SANTA MONICA ART MUSEUM ●
(134 C4) (*m* B5)

Im ehemaligen Straßenbahndepot von Santa Monica sind über 20 Galerien und Designstudios angesiedelt. Das *Santa Monica Museum of Art* zeigt kalifornische Künstler. Fast an jedem Wochenen-

49

SANTA MONICA/VENICE

de **INSIDER TIPP** laden Galerien zu Vernissagen ein. Prima zum *people watching*, während man mit einem Glas Wein in der Hand über den Innenhof des Komplexes von einer Galerie zur nächsten schlendert. *Di–Fr 10–18, Sa 11–17.30 Uhr | 2525 Michigan Av. | Info, Termine: www.bergamotstation.com*

⓷ SANTA MONICA PIER
(132 B6) (ⓜ B2)

Der älteste Pier und Vergnügungspark an der Westküste, 1916 eröffnet und 1983 von einem Sturm zerstört, lockt nach seiner Renovierung mit Zuckerwatte und Popcorn, Schießbuden, Riesenrad und Achterbahn. **INSIDER TIPP** Kostenlose Yogaklasse über den Wellen: An Samstagvormittagen wird am westlichen Ende des Piers für Frühaufsteher um 8 Uhr *Roga (Run + Yoga)* angeboten – Joggen, gefolgt von einer Yogastunde.

Tgl. ab ca. 12 Uhr bis lange nach Sonnenuntergang (Öffnungszeiten variieren je nach Saison) | www.santamonicapier.org

⓸ **INSIDER TIPP** SEGWAY LOS ANGELES
(132 B6) (ⓜ B2)

Spaßige Strandexkursion für Fußfaule: Mit dem zweirädrigen Elektroscooter stehend über den Fahrradweg im Sand cruisen. Gelenkt wird der trendige Einachser durch Gewichtsverlagerung: Nach vorne lehnen zum Beschleunigen, zum Lenken zur Seite und zum Bremsen zurücklehnen, aufrecht stehend anhalten. *$ 84 für Einführungskurs und Tour | 1660 Ocean Av. | ein Block südl. vom Pier | Tel. 1310 31 03 95 13 95 | www.segway.la*

⓹ THIRD STREET PROMENADE
(132 A–B6) (ⓜ A2)

Die Fußgängerstraße ist eine Seltenheit im Autoparadies L. A.: Boutiquen, Buch-

IN DER TRAUMFABRIK

● Live dabei sein können Sie bei der Aufzeichnung zahlreicher TV-Shows. Die Eintrittskarten für Shows wie *Dancing With The Stars, The X Factor* oder die Talkshows von Jimmy Kimmel und Jay Leno sind kostenlos. Wegen der langen Wartelisten sollte man allerdings frühzeitig Tickets bestellen: *www.on-camera-audiences.com | www.tvtix.com | www.1iota.com*. Bei Touren durch die Studios sieht man, wie Filme gemacht werden:
Sony Pictures Studios **(135 F4)** *(ⓜ E5):* Auf dieser Tour (2 Std.) sehen Sie Filmkulissen aus der Vergangenheit („Wizard of Oz") und Gegenwart („Spiderman"). *Eintritt $ 35 | Mo–Fr 9.30–14.30 Uhr | Treffpunkt und Parken: Sony*

Pictures Plaza | 10 202 W Washington Blvd./Madison Av. | Tel. 1310 2 44 86 87 | www.sonypicturesstudiotours.com
Universal Studios Hollywood **(140 C2)** *(ⓜ 0):* Die Tour durch die *backlots* kann man nur in Kombination mit dem Besuch des Vergnügungsparks machen, dort ist sie im Eintritt inbegriffen (s. S. 57).
Warner Brothers Studios **(140 C2)** *(ⓜ 0):* Sie bekommen ein echtes Studio zu sehen, in dem TV- und Filmshows produziert werden. Besucher können auf Führungen einen Blick hinter die Kulissen werfen. *Eintritt $ 49 | Mo–Fr 8.15–16 Uhr | Tel. 1877 4 92 86 87 | 3400 W Riverside Drive | Burbank | vipstudiotour.warnerbros.com*

SEHENSWERTES

läden, Kinos, Restaurants, Cafés. Viele angesagte Ketten sind vertreten. *Santa Monica | zw. Wilshire Blvd./Broadway*

6 VENICE BOARDWALK
(133 E–F6) (*D2*)
Hier hat der Charme der Sixties überlebt. Im Strom der flanierenden Menschen lustiges Treiben aus Straßenkünstlern, Schlangenbeschwörern, langhaarigen sich auf dem 22 Meilen langen Fahrradweg durch den Sand den Wind um die Nase wehen lassen (für Ambitionierte, die die ganze Länge bestreiten wollen: *www.labikepaths.com*).

7 INSIDER TIPP VENICE CANALS
(134 C6) (*B7*)
Ein Kanalsystem von 26 km Länge durchzog früher ganz Venice. Italienfan Abbot

Spaßfaktor mit Tradition: Vergnügungspark am Santa Monica Pier

Hippies und kurz geschorenen Youngstern in Baggy-Jeans auf Skateboards. Gegenüber der Polizeiwache *(Ende Windward Av., am Haupteingang zum Strand)* kann man an den *Venice Public Art Walls* (www.veniceartwalls.com) von der Stadt regulierte Anarchie in Aktion erleben: Am Wochenende sprühen Graffiti-Künstler um die Wette und müssen sich so nicht an Häuserwänden austoben. Anschließend an einer der Mietstationen entlang des Boardwalk auf ein Fahrrad oder Rollerskates umsteigen und Kinney ließ um die Wende zum 20. Jh. im Marschgelände vor den Toren der Stadt ein amerikanisches Venedig errichten, dessen Kanäle er mit Ferienbungalows aus Holz säumte. Sechs der Wasserwege sind noch erhalten, der Rest wurde schon bald nach seiner Anlage wieder zugeschüttet und mit Asphalt überzogen. Entlang der Kanäle findet man neben einstigen Ferienbungalows imposante Beispiele moderner kalifornischer Architektur. *Zw. Ecke Pacific Av./Venice Blvd. und Dell Av./Washington Blvd.*

AUSSERDEM SEHENSWERT

Die Getty Villa – ein herrschaftliches Anwesen mit Garten im römischen Stil

8 VENICE RENAISSANCE BUILDING & BINOCULARS (133 E6) (*m* D2)

Ein 10 m hoher Clown im Ballerinakostüm von Jonathan Borofsky steht hoch oben auf dem *Venice Renaissance Building*. 100 m südlich schmückt ein vier Stockwerke hohes Fernglas *(Binoculars)* des Pop-Art-Künstlers Claes Oldenburg den Eingang zu den Büros von Google. *340 Main St. | Rose Av.*

AUSSERDEM SEHENSWERT

BRENTWOOD & PACIFIC PALISADES (134 A–B 1–2) (*m* A–B 3–4)

Bevor der Sunset Boulevard im Westen am Pazifik endet, schlängelt er sich durch die ruhigen Wohngebiete mit prunkvollen Millionärsvillen. Ausnahme sind die beiden Museen der Getty-Stiftung, die einen Besuch wert sind. In den Pacific Palisades fanden während des Zweiten Weltkriegs viele deutsche Exilanten Zuflucht, u. a. Thomas Mann, Bertolt Brecht und Lion Feuchtwanger.

GAMBLE HOUSE (141 D2) (*m* 0)

Das japanisch angehauchte Feriendomizil von David und Mary Gamble aus Cincinnati (die Gambles vom Konsumgüterkonzern Procter & Gamble) wurde 1908 von Charles und Henry Greene im damals modernen *Bungalow Style* gebaut – ein handwerkliches Meisterwerk aus Teak- und Zedernholz, Eiche, Ahorn und Redwood. Wunderschön ist die Eingangstür, hinter der ein knorriger Baum aus Glas zu wachsen scheint. Flaches Schuhwerk ist erbeten. *Do–So 12–15 Uhr, alle 20–30 Min. einstündige Führung | $ 12,50 | 4 Westmoreland Place | bei N Orange Grove | Pasadena | Tel. 1626 793 33 34 | www.gamblehouse.org*

SEHENSWERTES

GETTY CENTER ★ ☼ (134 B1) (*ℳ B3*)

Es gibt mindestens drei gute Gründe, warum man – abgesehen von der Kunst – diesen eine Milliarde Dollar teuren Superkomplex in den Hügeln von Brentwood besuchen sollte: das von Richard Meier entworfene architektonische Meisterwerk selbst, die ● herrlichen Gärten von Landschaftsdesigner Robert Irwin und der unvergleichliche Ausblick auf die Stadt und ihre Umgebung. An klaren Tagen sieht man die Skyline von Downtown L. A., die Santa Monica und San Gabriel Mountains, die Palos-Verdes-Halbinsel und Santa Catalina Island. Wer den Sonnenuntergang im Sommer genießen möchte, sollte samstags kommen, wenn das Museum länger geöffnet hat. Hier hängen neben van Goghs „Irises", die das Museum für $ 53,9 Mio. kaufte, viele andere Gemälde europäischer Künstler, u. a. von Rubens, Monet und Rembrandt. Exquisite Möbel des 17./18. Jhs., antiker Schmuck, Porzellan, rare Bücher aus dem Mittelalter mit religiösen Motiven, zeitgenössische und historische Fotografie, Skulpturen. Es gibt wechselnde Ausstellungen, Multimedia-Aufführungen, Gartentouren und architektonische Führungen. Eine fünfminütige Fahrt, auf der man bereits die Aussicht genießen kann, bringt die Besucher hinauf zum Museum. *Di–Fr, Sa 10–21, So 10–17.30 Uhr, Mo geschl. | Eintritt frei, Parken $ 15 | Metro Bus 761 hält am Haupteingang auf dem Sepulveda Blvd. | 1200 Getty Center Drive | am San Diego Freeway (I-405), zw. Brentwood/Bel-Air | www.getty.edu*

GETTY VILLA (140 A3) (*ℳ 0*)

Gettys Sammlung von römischen, griechischen und etruskischen Antiquitäten, untergebracht in einer Römer-Villa auf einem Hügel über dem Pazifik. Jean Paul Getty ließ die originalgetreue Rekonstruktion der *Villa dei Papiri* im römischen Herculaneum, die 79 n. Chr. durch den Ausbruch des Versuv verschüttet wurde, 1974 errichten. Es war das erste Zuhause des Getty-Museums in Los Angeles, bevor das Getty Center errichtet wurde. Der Eintritt ist auch hier frei, allerdings müssen Tickets für die exakt gewünschte Besuchszeit im Voraus reserviert werden. Das geht entweder auf der Website oder telefonisch unter *Tel. 1 310 4 40 73 00. Mi–Mo 10–17 Uhr | Eintritt frei, Parken $ 15 | 17 985 Pacific Coast Highway | Pacific Palisades | www.getty.edu*

HUNTINGTON ARTS COLLECTION, LIBRARY AND BOTANICAL GARDENS ●
(141 E2) (*ℳ 0*)

Das ehemalige Zuhause des Eisenbahnmillionärs Henry E. Huntington, des Gründers der Pacific Electric Railway

RICHTIG FIT!

Einer der populärsten Workout-Plätze der Stadt ist kostenlos und unter freiem Himmel: Die ● *Santa Monica Stairs* **(134 A3) (*ℳ A5*)** sind öffentliche Gehwege, die den Santa Monica Canyon mit dem Cliff verbinden. Die beiden steilen Treppen mit 189 Stufen werden zu jeder Tageszeit von Sportlern für Extrem-Workouts in Beschlag genommen. Nicht selten tummeln sich hier auch schwitzende Promis. Sportschuhe anziehen und einfach mitmischen! *Zugang über Fourth Street/Ecke Adelaide Dr., nördlich von San Vicente Blvd.*

53

AUSSERDEM SEHENSWERT

Company, ist heute für die Öffentlichkeit zugänglich. Das Anwesen auf dem ca. 84 ha großen Grundstück umfasst eine mit seltenen Werken bestückte Bibliothek – sie enthält u. a. das Manuskript von Benjamin Franklins Autobiografie, eine Gutenberg-Bibel sowie Shakespeare-Erstausgaben – und ein ausgezeichnetes Museum mit Gemälden des 18. und 19. Jhs. und erlesenen Möbeln. Bemerkenswert sind die wunderschönen INSIDER TIPP botanischen Gärten mit Azaleen und Kamelien sowie der Rosengarten, in dem tausend verschiedene Sorten blühen. Ein bizarres Vergnügen bieten die riesigen Kakteen- und dichten Dschungelgärten. Meditative Ruhe strahlt der japanische *Zen Rock Garden* mit Koi-Teich und Bonsais aus. Im *Rose Garden Room (nur mit Reservierung Tel. 1626 6 83 81 31 | Tee mit Sandwichbüfett $ 28)* wird englischer Tee serviert. *Di geschl. | Eintritt $ 20–23 | 1151 Oxford Rd. | Allan Av. | San Marino | Tel. 1626 4 05 21 00 | www.huntington. org*

LONG BEACH AQUARIUM OF THE PACIFIC ● (141 D6) (*ϕ 0*)

Hier leben mehr als 11 000 Meerestiere aus dem Pazifischen Ozean. Highlights sind die Haifischlagune (anfassen erlaubt!) und der Pool mit den Magellanpinguinen. Auch Umweltbedrohungen für die Weltmeere werden thematisiert. *Tgl. 9–18 Uhr | $ 25,95 | 100 Aquarium Drive | südlich vom W Shoreline Drive | Long Beach | www.aquariumofthepacific. org*

MALIBU (140 A3) (*ϕ 0*)

Wochenend-Spielwiese für die Reichen und Berühmten, atemberaubend schöne Strände und Surferparadies. Erkunden Sie Malibu mit einer Spritztour über den ★ *Pacific Coast Highway* in Richtung Norden; für das perfekte California Feeling mieten Sie dazu am besten ein Cabriolet. Das Einkaufszentrum *Malibu Country Mart (3835 Cross Creek Road | Pacific Coast Hwy.)* im urigen Ranchstil sowie der nebenan gelegene nagelneue und

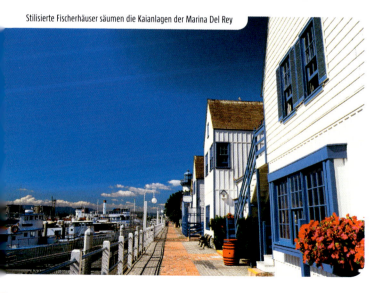

Stilisierte Fischerhäuser säumen die Kaianlagen der Marina Del Rey

54 www.marcopolo.de/losangeles

SEHENSWERTES

nach nachhaltigen Prinzipien gebaute ☺ *Malibu Lumber Yard* sind INSIDER TIPP **der perfekte Ort, um Stars ganz privat zu sehen.** Hier shoppen die Promis, und häufig spielen sie mit ihren Kindern auf dem Spielplatz der Mall. Oder sie holen sich morgens ganz leger in Yogahosen und Lammfellstiefeln, dem typischen Malibu-Look, ihre Koffeinspritze in einem der Coffee Shops.

Am ● *Surfrider Beach (23 000 Pacific Coast Highway)* beim Malibu Pier surfen die Profis, wie Kelly Slater und die *big wave*-Legende Laird Hamilton. Das ist spannend zum Zuschauen; für Anfänger sind die Wellen allerdings zu überfüllt und zu hart umkämpft. Aktuelle Ansagen zu Strömung und Wetter können unter der *Tel. 1 310 45 79 7 01* abgerufen werden. INSIDER TIPP *Paradise Cove*, ein Privatstrand mit herrlichem Blick auf die Felsklippen im nördlichen Malibu, diente schon als Kulisse für zahlreiche Filme wie „Charlie's Angels" und „Lethal Weapons 4" sowie für TV-Serien wie „Baywatch". Das Parken kostet hier $25, bei Verköstigung im *Paradise Cove Beach Café (28 128 Pacific Coast Highway | www.paradisecovemalibu.com)* zahlen Sie nur $3 für vier Stunden. Die Wände dieses urigen Restaurants sind mit Fotos aus den Anfängen Malibus dekoriert, als dort noch keine Millionenvillen, sondern Pferderanchen standen. Zum Beach Café gehört auch die einzige richtige Strandbar im gesamten L. A. County: Im Sand werden Cocktails serviert. Auf dem PCH Richtung Norden, kurz vor der L. A. County Grenze, erreichen Sie *Leo Carrillo State Beach (35 000 Pacific Coast Highway)*. Hier ragen schöne Felsen aus dem Wasser und brechen die Wellen für perfektes Surfvergnügen. Der Campingplatz im angeschlossenen Canyon, mit Plätzen unter Sycamore Bäumen, ist ein tolles Naturerlebnis. Plätze müssen allerdings Monate im Voraus reserviert werden (*Tel. 1818 8 80 03 50 | www.reserveamerica.com | $ 45 pro Nacht*).

MANHATTAN STATE BEACH
(140 B4) (ᴍ 0)

Gemütliche Kleinstadt-Atmosphäre südwestlich von Downtown, unterhalb des Flughafens. Auf der Main Street mit den kleinen Shops kann man nett bummeln. Es gibt zahlreiche preiswerte Restaurants, Cafés und Strandkneipen. Vom Pier aus kann man den Surfern in den tollen Wellen zuschauen. Die Beachvolleyball-Courts haben schon etliche Olympioniken hervorgebracht.

MARINA DEL REY ●
(134–135 C–D6) (ᴍ C7)

Zwischen Venice und dem Flughafen LAX liegt der größte, 1962 künstlich angelegte Yachthafen Amerikas, um den sich teure Apartmenthäuser reihen. Im *Fisherman's Village (13 763 Fiji Way)* kann man an den Anlegern Boote besteigen. Im Angebot sind Hafenrundfahrten (*Di–So 10–17 Uhr stündlich | $ 11*) und Cocktail Cruises zum Sonnenuntergang (*www.hornblowercruises.com*). *Marina Boat Rentals (Tel. 1310 5 74 28 22)* vermietet Jetskis, Kajaks, Motor- und Segelboote. Mieten Sie bei *Marina Paddle (Tel. 1310 8 22 18 88)* ein INSIDER TIPP **Stand-Up-Paddleboard.** Im ruhigen Hafenwasser ist der Trendsport kinderleicht zu erlernen. Die *Cheesecake Factory (4142 Via Marina)* ist berühmt für das ausgiebige Menü (über 200 Gerichte) und Riesenportionen. Von der ✄ Sonnenterrasse hat man eine tolle Aussicht auf den Hafen. *www.visitmarinadelrey.com*

NORTON SIMON MUSEUM
(141 D2) (ᴍ 0)

Der Industrielle, Multimillionär und Kunstsammler Norton Simon rettete 1974

55

AUSSERDEM SEHENSWERT

das von der Schließung bedrohte Pasadena Art Institute und stattete es mit seiner eigenen Kunstsammlung aus. Heute ist sein Museum eines der wichtigsten Kunstmuseen Kaliforniens. Berühmt ist es für die komplette Serie der Bronzeskulpturen von Edgar Degas. Außerdem sind Werke von Rembrandt, Goya, Hals, Manet, Monet, Cézanne, Rousseau, Renoir, van Gogh, Picasso, Toulouse-Lautrec, Matisse u. a. sowie Gemälde aus der Renaissance, dem Barock und Rokoko, des weiteren kostbare Skulpturen aus Indien und Südostasien zu sehen. Es gibt ein Teehaus und einen Skulpturengarten. *Mi–Mo 12–18, Fr bis 21 Uhr | $ 10 | 411 W Colorado Blvd. | Orange Grove in Pasadena, an der Freeway-Kreuzung I-210 (Foothill) und I-134 (Ventura) | www.nortonsimon.org*

PALOS VERDES 〰

(140 B–C 5–6) (*0*)

Der südlichste Zipfel der Bucht von Santa Monica ist ideal zum INSIDER TIPP ▶ **Beobachten von Grauwalen**, die von Dezember bis März/April auf ihrem fast 10 000 km langen Weg nach Alaska an der Küste vorbeiziehen.

PASADENA (141 D–E2) (*0*)

Historisches Viertel am Fuß der San Gabriel Mountains, 16 km nordöstlich von Downtown, mit wunderschön restaurierten Wohnhäusern im Craftsman-Stil, der typischen kalifornischen Architektur des frühen 20. Jhs. Im Zentrum kann man gemütlich flanieren, essen und shoppen. *Old Town | zw. Pasadena Ave., Walnut and Arroyo Pwy./Del Mar*

QUEEN MARY (141 D6) (*0*)

Die 1934 vom Stapel gelaufene „Queen Mary" war seinerzeit das schnellste und größte Luxusschiff der Nordatlantikroute. Nach 1001 Atlantiküberquerungen liegt sie seit 1967 im Long Beach Harbor vor Anker. Erfreuen Sie sich an der luxuriösen Art-déco-Einrichtung, nehmen Sie das Ruder auf der Brücke in die Hand, und werfen Sie einen Blick in Mannschaftskabinen und Maschinenraum *(Eintritt ab $ 25 | tgl. 10–18 Uhr)*. Ein Teil des einstigen Luxuskreuzers ist heute Hotel. Auf drei Decks werden Gäste untergebracht. *1126 Queens Highway | www.queenmary.com*

INSIDER TIPP ▶ SELF-REALIZATION FELLOWSHIP LAKE SHRINE

(140 B3) (*0*)

Kurz bevor der Sunset Boulevard am Meer endet, auf der linken Seite, angelegt von einer Organisation, die Meditation und Toleranz pflegt. Mit einem künstlichen See, auf dem Schwäne schwimmen und in dem die dicksten Karpfen leben,

LOW BUDGET

▶ Wer plant, während seines Aufenthalts in Los Angeles mehrere Attraktionen an einem Tag zu besuchen, kann mit der *Go Los Angeles Card (www.smartdestinations.com)* und sorgfältiger Planung unter Umständen viel Geld sparen. Und so funktioniert die Karte: Sie gilt als Ticket zu 39 touristischen Hauptattraktionen wie z. B. Vergnügungsparks, Museen und sogar Stadtrundfahrten. Man kauft eine gewünschte Anzahl von Tagen, an denen man die Karte unbegrenzt benutzen kann. Die Einzeltage können in einem Zeitraum von zwei Wochen in Anspruch genommen werden. Beispielpreise: *1 Tag kostet $ 65 für Erwachsene, $ 60 für Kinder. Ein 3-Tages-Pass kostet $ 190 bzw. $ 155*

www.marcopolo.de/losangeles

SEHENSWERTES

Vom Flagg- zum Hotelschiff: Die „Queen Mary" im Long Beach Harbor

haben die Mönche dieses Schreins eine Oase der Ruhe geschaffen. In einem Marmorsarg befindet sich ein Teil der Asche Mahatma Gandhis, der Rest wurde in Indien verstreut. *Di–Sa 9–16.30, So 12–16.30 Uhr, Mo und mitunter Sa geschl. | Eintritt frei | 17190 Sunset Blvd.*

SILVER LAKE (138 A–B 1–2) (*J–K2*)
Trendiges, an Hollywood und Los Felíz grenzendes Viertel, bevölkert von Yuppies, Musikern und Filmemachern. Entlang des Sunset Boulevard findet man Boutiquen mit Ausgefallenem, Restaurants, Nightclubs und Bars *(Vermont Ave. und Sunset Blvd.)*. In den Hügeln stehen zahlreiche Beispiele von *modernist aesthetic architecture*, der Avantgardearchitektur der 1920er- und 30er-Jahre, u. a. von Frank Lloyd Wright das *Taggart House (5423 Black Oak Drive)*, von R. M. Schindler das *Walker House (2100 Kenilworth Av.)*, von John Lautner das *Lautner House (2007 Micheltorena Street)* und von Richard Neutra das *Treweek House (2250 E Silverlake Blvd.)*. Die meisten Häuser sind in Privatbesitz und können nur von außen angeschaut werden.

THE WENDE MUSEUM
(140 C4) (*E6*)
Neben Alltagsgegenständen, Kunst und politischen Dokumenten beherbergt die Sammlung zum Kalten Krieg auch einen Teil des **INSIDER TIPP** Nachlasses von Erich Honecker, darunter persönliche Aufzeichnungen aus seinen letzten Lebensjahren. *Mo–Fr 10–17 Uhr, vorherige Reservierung erforderlich | Eintritt frei | Tel. 1 310 2 16 16 00 | 5741 Buckingham Parkway | Culver City | www.wendemuseum.org*

UNIVERSAL STUDIOS ★
(140 C2) (*0*)
Hier, im größten Filmstudio der Welt, locken und schocken überall Spezialeffek-

57

AUSFLÜGE

te. Sie erleben, wie Filme gemacht werden, entdecken die Geheimnisse von „Die Mumie", „Spider Man", „Jurassic Park", „Shrek" und anderen Blockbustern. Bringen Sie vorsichtshalber ein Handtuch oder ein zweites Hemd mit! *The Simpsons Ride* chauffiert Fans von Homer und Bart mitten in die TV-Serie „Die Simpsons". Neu seit 2012: *Transformers – The Ride,* das als intensivstes 3D-Erlebnis auf Erden gefeiert wird. Vor dem Eingang liegt *Universal City Walk,* eine Fußgängerzone mit Restaurants, Nachtclubs, Läden und Kinos. *Universal City Plaza | 100 Universal Center Drive | nördl. vom Hollywood Fwy. I-101 | Universal City | Tel. 1800 8 64 83 77 | www.universalstudioshollywood.com*

WATTS TOWERS (141 D4) (⌘ 0)
Der italienische Einwanderer Simon Rodia wollte etwas Großes schaffen und machte sich ans Werk: Der Bauarbeiter, der weder Kunst noch Architektur studiert hatte, errichtete 1921–54 ohne Bauplan oder Skizze in seinem Garten spiralförmige, 30 m hohe Türme aus Stahlgerüsten, Zement und Fundsachen wie Flaschen, Muscheln, Fliesen- und Porzellanscherben. Heute steht das kathedralenartige Monument unter Denkmalschutz; angeschlossen ist ein Kulturzentrum. *Mi–Sa 10–16, So 12–16 Uhr | $ 7 | 1761–1765 E 107th Street | Los Angeles*

WESTWOOD MEMORIAL PARK
(135 D2) (⌘ C4)
Umgeben von Hochhäusern und auf einem Stück Land, das zu den teuersten der ganzen Stadt gehört, liegt Hollywood-Ikone Marilyn Monroe begraben. Zu ihren berühmten „Nachbarn" gehören u. a. Natalie Wood, Truman Capote, Donna Reed und John Cassavetes. *1218 Glendon Av. | zw. Wellworth Av./ Wilshire Blvd. | Westwood*

AUSFLÜGE

PALM SPRINGS/JOSHUA TREE
NATIONAL PARK (0) (⌘ 0)
Ein Ausflug nach `INSIDER TIPP` *Palm Springs* ist für Fans des Designs und der Architektur der 1950er- und 1960er-Jahre ein Muss. Hauptsaison ist Oktober bis Mai mit Temperaturen von 20 bis 32 Grad, danach wird es richtig heiß: 40 Grad und mehr. In den stilvoll renovierten Retrohotels der Stadt kann man wunderbar am Pool entspannen und das warme Wüstenklima genießen. Die Freizeitangebote reichen von Tennis, Wandern, Radfahren, Reiten und Skilaufen bis zu Wüstentouren im Jeep und Felsklettern. Palm Springs ist mit über 100 Plätzen ein Golfparadies. Ein klimatisches Kontrastprogramm ist die Fahrt mit der Seilbahn auf den 2595 m hohen Mount San Jacinto, wo fast immer Schnee liegt *($ 24 | Tramway Rd., Ausfahrt vom I-111 | www.pstramway.com).* Atemberaubend ist die weitläufige Wüstenlandschaft im ★ *Joshua Tree National Park (tgl. | $ 15 | www.nps.gov/jotr).* Die Fahrt führt entlang natürlich gewachsener Kaktusgärten und bizarrer Felsformationen. Die einzigartigen Joshua Trees strecken ihre Zweige wie betende Arme gen Himmel. Entlang der Straßen durch den Park gibt es leicht zugängliche kürzere und längere Wanderstrecken sowie Klettermöglichkeiten.
Anfahrt von L. A. über die I-10 Richtung Osten: 172 km, ca. 2,5–3 Std. (je nach Verkehrslage). Palm Springs Visitor Information (2901 N Palm Canyon Drive | Tel. 1800 3 47 77 46)

SANTA CATALINA ISLAND (0) (⌘ 0)
Die 26 Meilen vor der Küste liegende Insel bietet sich für einen Tagesausflug an. Wenn Sie Glück haben, sehen

58   www.marcopolo.de/losangeles

SEHENSWERTES

sie auf der Überfahrt INSIDER TIPP Delfine und sogar Wale. Die dünn besiedelte Insel, auf der elektrische Golf Carts das Hauptverkehrsmittel sind, hat zwei kleine Hafenstädte sowie einen großen Naturpark mit wilden Büffeln und bietet viele Möglichkeiten für Wassersport. In den 1920er-Jahren wurde die Insel, einst Spielplatz von Schmugglern und Goldgräbern, vom Kaugummi-Magnaten William Wrigley in eine Touristenattraktion verwandelt. Im Hauptort *Avalon* lädt die Promenade zum Bummeln ein. Am Ende der Hafenbucht steht das elegante Art-déco-*Casino (tgl. Führungen | Casino Way | St. Catherine Way)*. Wegen seines kristallklaren Wassers ist Catalina ein Tauchparadies. *Catalina Divers Supply (Tel. 1 310 5 10 03 30 | Filialen auf dem Pier oder am Casino Point)* vermietet Gerät und bietet Unterricht sowie Tauchausflüge an. Der *Descanso Beach Club (April–Okt. | Tel. 1 310 5 10 74 10 | 150 Metropole Ave. | neben dem Casino)* vermietet Kajaks und Schnorchelausrüstungen. Wer trocken bleiben will, kann die Kelpwälder und Fischschwärme vor der Insel durch den Glasrumpf eines der Halb-U-Boote bestaunen, die man im Hafen von Avalon besteigen kann. Um die Wanderpfade benutzen zu dürfen, braucht man ein (kostenloses) *Hiking Permit* von der *Conservancy Catalina Island (tgl. 8.30–15.30 Uhr | Conservancy House | 150 Metropole Av. | Tel. 1 310 5 10 20 00 | www.visitcatalinaisland.com)* in Avalon.

Anreise per Fähre: 75 Min., reservieren und Pass mitbringen (wird aus Sicherheitsgründen verlangt). Ab San Pedro *(über Harbor Fwy. 110 Richtung Süden, Ausfahrt Harbor Blvd., den Schildern zum Catalina Terminal, Berth 95 folgen)* oder Long Beach *(vom Fwy. I-5 auf den I-710 Richtung Süden; Ausfahrt 1C Downtown Long Beach, von dort den Schildern zu „Catalina Landing" folgen)* mit Catalina Express *($ 72 Hin- und Rückfahrt | Tel. 1 800 4 81 34 70 | www.catalinaexpress.com)*. Per Hubschrauber in 15 Min. auf die Insel: *Island Express ($ 250/Pers. | 1175 Queens Hwy. | Long Beach)*. Flug und Bootsfahrt kombinierbar. *Catalina Island Visitors Bureau (Green Pleasure Pier (Mitte Crescent Av.) | www.catalina.com)*

Joshua Trees im gleichnamigen Nationalpark bei Palm Springs

Bild: Hummer auf Reis

ESSEN & TRINKEN

Den Ruf, kulinarisch unterentwickelt zu sein, hat die Stadt definitiv abgelegt. L. A. ist heute eine Spielwiese für Spitzenköche aus der ganzen Welt. Als Ergebnis bezeichnen sich trendige Angelenos gerne als *foodies,* als experimentierfreudige Essgenießer.

Die vom Multikulti-Ambiente der Stadt inspirierte Restaurantszene ist schnelllebig und kreativ, mit Angeboten für jeden Geldbeutel. In L. A. wurde der Begriff *Fusion Cuisine* erfunden. Einer der Ersten war Promikoch Wolfgang Puck aus Österreich, der im *Chinois* französische Gourmetküche aus frischen kalifornischen Produkten mit asiatischer Note servierte. Die „Verschmelzung" von Speisekarten wurde zur großen Leidenschaft der Köche von L. A., nicht nur in den Gourmettempeln, sondern auch in den mobilen INSIDERTIPP *gourmet food trucks.* In Minilastwagen werden am Straßenrand schmackhafte Gerichte zubereitet und gleich dort auch verzehrt. Das Angebot reicht vom Burger mit Teriyaki-Soße über vietnamesisches Fleisch im mexikanischen Maistortilla bis zu Eiscreme mit Kräutern. Die Trucks steuern Szenetreffpunkte an und halten Fans per Twitter auf dem Laufenden *(www.findlafoodtrucks.com).*

Neben dem klassischen amerikanischen Diner, wo schon zum Frühstück Steaks, Kartoffelpuffer mit Ketchup und Pfannkuchen mit Sirup serviert werden, lohnt es sich, die ethnischen Restaurants zu besuchen. In L. A. kann man sich im Umkreis von wenigen Meilen quasi einmal

Vor allem asiatische und lateinamerikanische Einflüsse sorgen für ein breit gefächertes kulinarisches Angebot

rund um den Globus essen. Stark vertreten sind die lateinamerikanische Küche, vor allem die mexikanische, sowie die asiatische. Frisches Sushi ist in L. A. heimisch wie die Currywurst in Berlin.
Am Restauranteingang findet man Schilder mit blauen Buchstaben. Das Gesundheitsamt überprüft regelmäßig die Hygiene in den Küchen. A ist einwandfrei, B immer noch gut, C und D sind nicht akzeptabel. Achtung: Steuern Sie nicht selbst einen freien Tisch an, sondern lassen Sie sich von der Hostess am Eingang platzieren! In den meisten Restaurants bekommt man sofort ein Glas Eiswasser (bestellen sie Getränke mit dem Zusatz *easy on the ice,* dann bekommen Sie ein Extraglas mit zwei, drei Eiswürfeln) und einen Brotkorb auf den Tisch gestellt. Im Eiltempo geht von der Bestellung bis zur Rechnung alles weiter. Einen Tisch nach Ende der Mahlzeit nicht gleich freizumachen, gilt als unhöflich, solange noch Gäste warten. In voll besetzten Lokalen kann die Hostess deshalb präzise sagen, wann der nächste Tisch frei wird.

AFRIKANISCH

Imbiss mit Tradition: Pink's Hot Dogs in Hollywood

Auf der Speisekarte stehen unter *Entrees* die Hauptgerichte, Vorspeisen sind *Appetizer*. *Doggie Bags* sind überall selbstverständlich: Was auf dem Teller liegen bleibt, wird auf Wunsch eingepackt. Vergessen Sie das Trinkgeld nicht! 15 bis 20 Prozent der Rechnungssumme sind nicht nur üblich, sondern werden erwartet. Es ist nicht im Preis inbegriffen und für die Servicekräfte, die nur einen geringen Basislohn bekommen, ein wichtiger Bestandteil des Einkommens. Achtung: Manche Restaurants berechnen bei Touristen den *tip* automatisch – also immer die Rechnung genau prüfen. Die meisten Lokale in L. A. haben sieben Tage die Woche geöffnet; wenn es einen Ruhetag gibt, ist dies bei den Adressen vermerkt.

AFRIKANISCH

MEALS BY GENET (136 C4) (*F4*)
Äthiopische Kunst an den Wänden und leckere Fleischgerichte wie *kitfo* (Rindfleisch mit Gewürzbutter) sowie tolle Salatkombinationen auf dem Teller. *Mo/Di geschl.* | *1053 S Fairfax Av.* | *südl. vom Olympic Blvd.* | *Tel. 1323 9 38 93 04* | *www.mealsbygenet.com* | €

AMERIKANISCH

CANTER'S (136 C3) (*F3*)
Seit 1931 werden hier neben den üblichen Deli-Spezialitäten diverse Brotsorten aus der Alten Welt sowie Kekse, Kuchen und Torten aus der eigenen Bäckerei geboten. Abends Livemusik. *Tgl. 24 Std.* | *Tel. 1323 6 51 20 30* | *419 Fairfax* | *zw. Oakwood/Rosewood Av.* | *Mid-Wilshire* | €

CHEESECAKE FACTORY (134 C2) (*B4*)
Das Familienrestaurant hat mehr zu bieten als nur seinen berühmten Käsekuchen. Die Portionen sind riesig – am besten, man teilt sich ein Hauptgericht und

ESSEN & TRINKEN

ein Dessert zu zweit; das reicht! Zum Dinner besser reservieren! *11647 San Vicente Blvd. | zw. Barrington/Darlington Av. | Brentwood | Tel. 1310 8 26 71 11 | weitere Filialen: www.cheesecakefactory.com | €€*

MEL'S DRIVE-IN ⭐ (136 B2) (*ⅠⅠ E2*)
Heute kein Drive-in mehr, aber trotzdem immer noch ein Klassiker: Burger in diversen Variationen, frische Salate, leckere Sandwiches, Hotdogs, Wein und Bier. Aus dem *soda fountain* sprudeln *milk shakes* und *smoothies*. *Banana split* ist ein Muss. Die Jukebox am Tisch spielt Oldies. *Tgl. rund um die Uhr geöffnet | 8585 Sunset Blvd. | zw. Londonderry Pl./ Sunset Pl. Dr. | West Hollywood | www. melsdrive-in.com | €*

INSIDER TIPP PHILIPPE THE ORIGINAL (131 F2) (*ⅠⅠ K3*)
Seit 1908 ist das Restaurant in Familienbesitz. Sägespäne auf dem Fußboden, lange Holztische. Erfinder des *french dip sandwiches* mit Rind-, Schweine-, Lammfleisch oder Truthahn auf einer in Bratensaft getränkten, knusprigen Semmel. Dazu Suppen und Salate, Bier und Wein. Eine Tasse Kaffee kostet 45 Cent. *1001 N Alameda Street | Ord St./nahe Union Station | Downtown | €*

PINK'S HOT DOGS (136–137 C–D3) (*ⅠⅠ G2*)
Jeder, ob Moviestar oder Fan, kommt seit 1939 (!) hier her, um seinen Heißhunger auf Hamburger und Hotdogs zu stillen. Keine Kreditkarten. *709 N La Brea/Melrose Av. | Hollywood | €*

THE COUNTER (136 C4) (*ⅠⅠ F3*)
Das Burger-Restaurant der unbegrenzten Möglichkeiten. Statt einer Speisekarte gibt's einen Bestellzettel, auf dem man die gewünschten Zutaten ankreuzen kann. Daraus ergeben sich mehr als 312 000 mögliche Variationen der amerikanischen Nationalspeise *(weitere Filialen in verschiedenen Stadtteilen)*. *5779 Wilshire Blvd. | Los Angeles | Tel. 1323 9 32 89 00 | www. thecounterburger.com | €*

INSIDER TIPP THE OLD PLACE (0) (*ⅠⅠ 0*)
Das saloonartige Restaurant in den Bergen von Malibu ist ein echter Geheimtipp. Über dem Eingang grüßt ein riesiges Geweih, an den Tischen neben der urigen Bar werden Steaks und Muscheln serviert. Hier stärken sich gerne die Wochenendbiker, die auf dem Mulholland Highway spazierenfahren. Sonntags Brunch *(9–16 Uhr)*. *Mo–Mi geschl. | 29 983 Mulholland Highway |*

MARCO POLO HIGHLIGHTS

⭐ **Mel's Drive-In**
American Feeling mit Juke Box
→ S. 63

⭐ **Crustacean**
Vietnamesisches Essen im Bambusgarten → S. 64

⭐ **Katsuya**
Schriller Japaner mit Promi-Garantie → S. 65

⭐ **El Cholo**
Margaritas auf der mexikanischen Hacienda → S. 70

⭐ **Café Gratitude**
Vegane Köstlichkeiten sorgen für *good vibrations* → S. 71

⭐ **Spago**
Wofgang Pucks Flaggschiff: das berühmteste Restaurant in Beverly Hills → S. 64

63

ASIATISCH

Agoura Hills | Tel. 1818 7 06 90 01 | www. oldplacecornell.com | €€

UMAMIKATESSEN (130 C6) (ℳ Q8)
Hier wird der Burger mit japanischem Einfallsreichtum neu erfunden. Neben der klassischen Rindfleischvariante kommen auch Shrimp- und Thunfischbuletten aufs Brötchen, verfeinert mit z. B. Trüffel oder japanischen Saucen (zahlreiche Fillialen in anderen Stadtteilen). *852 S Broadway | Downtown | Tel. 1213 4 13 86 26 | www.umami.com | €*

ASIATISCH

CRUSTACEAN ⭐ (135 F1) (ℳ D3)
Nachbildung des alten Familiensitzes der Betreiber in Vietnam von 1930, mit Bambusgarten, Veranda und Pianobar. Unter dem Glasboden fließt ein Bach mit Koi-Karpfen. Das köstliche Essen kommt aus der Geheimküche, zu der nur Familienmitglieder Zugang haben. Knoblauchnudeln, mit Garnelen gefüllte Reispapierrollen. *9646 Little Santa Monica Blvd. | N. Bedford Dr. | Beverly Hills | Tel. 1310 2 05 89 90 | www.anfamily.com | €€€*

EMPRESS PAVILION (138 C3) (ℳ K3)
Hier gibt es nach Kennermeinung das `INSIDER TIPP▸` **beste Dim Sum** außerhalb von Hongkong. Riesenrestaurant im 2. Stock mit 175 (!) Speisen auf der Karte; gute kantonesische Küche, aber meist lange Wartezeiten. *Tgl. 9–15 Lunch, Dinner bis 21 Uhr | Bamboo Plaza | 988 N Hill Street | Downtown | €€*

GOURMETTEMPEL

Melisse (132 A5) (ℳ E3)
Hier wird die traditionelle französische Küche mit saisonüblichen kalifornischen Erzeugnissen angereichert. Es gibt auch ein exzellentes Menü für Vegetarier. *Nur Menüs, $ 125 | Di–Sa ab 18 Uhr | 1104 Wilshire Blvd. | Santa Monica | Tel. 1310 3 15 08 81 | www.melisse.com*

Providence (137 D3) (ℳ G2)
Chef de Cuisine Michael Cimarusti hat sich mit exquisiten Fischgerichten zwei Michelinsterne verdient. Der Fokus liegt auf der unverfälschten Zubereitung von Meeresfrüchten. Unvergessliches Dinnererlebnis: Das *Chef's Tasting Menu* kann sich über 6–7 Stunden hinziehen. *Dreigangmenü $ 95, Chef's Tasting Menu $ 175 bzw. $ 270 inkl. Wein | tgl. Dinner | 5955 Melrose Av. | Mid Wilshire | Tel. 1323 4 60 41 70*

Spago ⭐ (135 F1) (ℳ E3)
Das stetig wachsende Fine-Dining-Imperium des österreichischen Promikochs Wolfgang Puck umfasst allein in Los Angeles insgesamt sechs Gourmettempel. Nach der Renovierung in 2012 bleibt das *Spago* auch weiterhin das Kronjuwel dieser Gruppe und eine der ersten kulinarischen Adressen der Stadt überhaupt. *Hauptgerichte $ 24–56 | 176 N Canon Drive | Beverly Hills | Tel. 1310 3 85 08 80*

Urasawa (135 F1) (ℳ E3)
Die Sushi-Kreationen von Hiro Urasawa sind die exquisitesten, die man in den ganzen USA finden kann. Der intime Speisesaal bietet nur für zehn (gut betuchte) Gäste Platz. *Sushidinner ab $ 400 | Di–Sa 18–21 Uhr | 218 N Rodeo Drive | Beverly Hills | Tel. 1310 2 47 89 39*

ESSEN & TRINKEN

Der Meister persönlich in Aktion: Promikoch Wolfgang Puck

KATSUYA ⭐ (133 E2) (📖 K7)
Der schrille Japaner am Hollywood Boulevard ist beliebt bei der Prominenz. Die Räumlichkeiten wurden von Philipp Starck entworfen. Sushibar und kreative japanische Küche. *Tel. 1323 8 71 87 77 | 6300 Hollywood Blvd./Vine St. | Hollywood | www.sbe.com/katsuya | €€–€€€*

NAWAB OF INDIA (134 B3) (📖 B5)
Hier wird authentische indische Küche geboten – äußerst gesund und zudem sehr schmackhaft. Die *tandooris* gelten als die besten der Westside. *Tel. 1310 8 29 11 06 | 1621 Wilshire Blvd. | zw. 16th/17th St. | Santa Monica | €–€€*

AUSSICHTSRESTAURANTS

GLADSTONE'S 4 FISH 🌿
(140 A3) (📖 0)
Feines Seafood-Restaurant mit erstklassigem Meerblick auf einer Klippe am Pacific Coast Highway. Im Speisesaal nach einem Fensterplatz fragen! Tagsüber sieht man oft Delfine, nachts werden die krachenden Wellen angestrahlt. *17300 W Pacific Coast Highway/Sunset Blvd. | Pacific Palisades | Tel. 1310 4 54 34 74 | www.sbe.com/gladstones | €€*

THE IVY 🌿 (136 B3) (📖 E3)
Ein Tisch auf der Terrasse ist wie ein Logenplatz. Das Programm: *Only in L. A.* – Promis fahren vor, Paparazzi rennen, Sicherheitsleute schreien. Zur Lunchzeit ist am meisten los. Genießen Sie ein Glas Champagner mit Himbeeren, sowie *meatloaf* und *crab cakes* in berühmter Gesellschaft. *Tel. 1310 2 74 83 03 | 113 N Robertson Blvd. | Beverly Hills | €€*

YAMASHIRO 🌿 (132 A1) (📖 G6)
Einer der romantischsten Japaner der Stadt. Hoch in den Hollywood Hills ist eine tolle Aussicht garantiert. Hervorragendes Sushi und Gegrilltes. *1999 N Sycamore Av. | nördl. von Franklin Av. | Tel. 1323 4 66 51 25 | www.yamashirorestaurant.com | €€€*

BREAKFAST & BRUNCH

SPEZIALITÄTEN

▶ **Caesar's Salad** – Römischer Salat mit Mayonnaisedressing, Kapern, Anchovis, geriebenem Parmesan
▶ **California Roll** – In Seetang gewickelter Reis mit Krebsfleisch, Rogen und Avocado (Foto re.)
▶ **Carrot Cake** – Kuchen mit geriebenen Karotten, Ananasstücken, Nüssen, Vanillecreme
▶ **Chicken Mole** – Hühnchenbrust mit Gemüse, Reis und scharfer Schokosoße
▶ **Chicken Salad** – Klein geraspelter Eisbergsalat und Weißkohl, Sesam, Sojasoße, frische Erbsenschoten, Sellerie, Karotten, Zwiebel, Knoblauch, Hühnerfleisch
▶ **Crab Cakes** – Knusprig gebratenes Krebsfleisch mit Knoblauch, Gemüse, Sahne, Chili, Dill, Petersilie, Schnittlauch, Zwiebel, Paprika
▶ **Frappuccini** – Eiskaffee mit Milch. Varianten: Mocca-, Vanille-, Haselnuss-, Karamelgeschmack

▶ **Huevos Rancheros** – Spiegeleier mit Käse, Salsa (scharfe Chilisoße), Chilischoten, Avocado, schwarzen Bohnen, Sour cream auf warmen Tortillas
▶ **Mixed Vegetable Burritos** – Tortillarollen, gefüllt mit Zucchini, Paprika, Auberginen, Käse, Reis, schwarzen Bohnen, Eisbergsalat, Salsa
▶ **Seared Ahi Tuna** – in Sesam und Pfeffer gewendetes, kurz angebratenes Thunfischsteak, wird in Scheiben geschnitten serviert
▶ **Tacos** – Tortillaschiffchen gefüllt mit Salat, Salsa, Avocado, Crème fraîche, Hühner- bzw. Rindfleisch (Foto li.)
▶ **Tamales** – In Bananenblätter eingewickeltes Maismehl mit Huhn, Schwein oder Rind, verschiedenem Gemüse und Käse – scharf und süß gewürzt
▶ **Veggie Burger** – Gebratenes Gemüsesteak mit Soja/Tofu mit Tomaten, Salat, Käse, Zwiebelringen, Senf und Mayonnaise auf Brötchen

BREAKFAST & BRUNCH

HOUSE OF BLUES (136 B2) (*E–F2*)
Eigentlich kein Restaurant, sondern Nachtclub und Konzerthalle, aber sonntagvormittags gibt es den *Gospelbrunch*: mitreißende Musik und fettige, scharfe Speisen aus den Südstaaten der USA (Vorstellungen 10 und 13 Uhr). *8430 Sunset Blvd. | ein Block östl. La Cienega Blvd. | West Hollywood | Tel. 1323 8485100 | www.houseofblues.com | €€*

ESSEN & TRINKEN

NICKEL DINER (131 D5) *(M R7)*
Klassisches American Breakfast zu günstigen Preisen: deftige Eiergerichte, Pancakes, köstliches Gebäck aus der eigenen Backstube. *Mo. geschl. | 524 S Main Street | Downtown | Tel. 1213 6 23 83 01 | www.nickeldiner.com | €*

ROSE CAFÉ (133 E6) *(M D2)*
Hier stärken sich die Bodybuilder aus dem benachbarten Gold's Gym nach dem morgendlichen Workout. Entspannte Atmosphäre, unterlegt mit klassischer Musik. Serviert werden leckere Backwaren und köstliche Salate. Besonders schön sitzt man auf der schattigen Terrasse. *220 Rose Av. | Venice | Tel. 1310 3 99 07 11 | www.rosecafe.com | €*

THE GRIDDLE CAFÉ (136 C2) *(M F2)*
Chili mit Schokochips, Erdnussbuttersandwich mit Erdbeermarmelade und Banane in Schokolade, über 20 Pfannkuchensorten und andere leckere Überraschungen. Große Portionen und leider meist lange Schlangen! Hier frühstückt auch Drew Barrymore. *Tgl. 7–15 Uhr | 7916 Sunset Blvd./Fairfax Av. | West Hollywood | €*

THE WAFFLE (133 E3) *(M K7)*
Der amerikanische Frühstücksklassiker schlechthin wird hier rund um die Uhr serviert, am Wochenende sogar bis 4 Uhr nachts. Die frischen Waffeln werden in elf Variationen angeboten, z. B. mit Schokolade, Karotten oder Bacon. *6255 Sunset Blvd./Vine St. | Hollywood | €*

THREE SQUARES BAKERY AND CAFÉ (133 F5) *(M D2)*
Einladendes Straßencafé. Der deutsche Hans Röckenwagner serviert Apfel-Pfannkuchen, verschiedene Eierspeisen und frisches Gebäck. *1121 Abbot Kinney Blvd. | Venice | €*

CALIFORNIA, FUSION, NEW AMERICAN CUISINE

ANIMAL (136 C6) *(M F3)*
Der Name ist Programm: Jedes der feinen Gerichte ist mit Fleisch, das Angebot ist reichhaltig – von Ochsenschwanz bis Entenbrust, von Rinderzunge bis Schweinebauch, kombiniert mit überraschenden und exotischen Beilagen. *435 N Fairfax Av. | Los Angeles | Tel. 1323 7 82 92 25 | www.animalrestaurant.com | €€*

CAFÉ PINOT ☘ (130 C4) *(M Q7)*
Essen Sie in Downtown unter alten Olivenbäumen stimmungsvoll im Garten der Central Public Library, nachts mit herrlichem Blick auf die funkelnden Großstadtlichter. Fisch, Pasta, Lachs-Auberginen-Lasagne, freitags Spanferkel mit Kruste. *700 W Fifth Street | zw. Grand/Flower St. | Tel. 1213 2 39 65 00 | www.patinagroup.com | €€*

CHAYA BRASSERIE (136 B3) *(M E3)*
Hier kommen euro-asiatische Gerichte vom Feinsten auf den Teller, außerdem

Der Garten der Public Library beherbergt das Café Pinot

67

COFFEESHOPS & SNACKS

gibt es eine Sushibar. **INSIDER TIPP** An der Bar ist den ganzen Abend Happy Hour: Es werden kleine Gerichte zu vergleichsweise günstigen Preisen serviert. *8741 Alden Drive | zw. Robertson/San Vicente | Beverly Hills | Tel. 1 310 8 59 88 33 | €€*

LOW BUDG€T

▶ Im *Farmers Market* **(136 C3)** *(ØØ F3) (Ecke Third St. | Fairfax Av.)* gibt es zahlreiche Essensstände; für jeden Geschmack ist etwas Leckeres dabei, und die Preise sind sehr günstig.

▶ Früh zum Dinner gehen und Geld sparen: Viele Restaurant-Bars haben Happy Hours, zu denen auch sehr günstige Speisen serviert werden, oft als Miniportionen ab $ 2–5; meist 17–19 Uhr.

▶ Eine Institution in Hollywood: Im *Roscoe's House of Chicken n' Waffles* **(137 E2)** *(ØØ G2) (1514 N Gower Street/Sunset Blvd. | Tel. 1 323 4 66 74 53)* werden Rezepte aus den Südstaaten in den abenteuerlichsten Kombinationen serviert. Die Portionen sind groß, die Preise niedrig, die Atmosphäre freundlich.

▶ Gourmetküche zum Sparpreis: Im eleganten *Joe's* **(133 E5)** *(ØØ D2) (Lunch Di–Fr 12–14.30 Uhr, am Wochenende Brunch | 1023 Abbot Kinney Blvd. | Tel. 1 310 3 99 58 11)* in Venice kochen einige der besten Köche der Stadt hervorragende California French Cuisine. Zum Lunch ein Schnäppchen: für nur $ 19 täglich wechselndes Dreigangmenü.

TRAXX (131 F3) *(ØØ S6)*

Fusion Dining im Art-déco-Bahnhofsrestaurant, auch zum Draußensitzen. Wunderbarer **INSIDER TIPP** *Blue Agave Tequila*. So geschl., Sa kein Lunch | *800 N Alameda Street/Union Station | Downtown | Tel. 1 213 6 25 19 99 | www.traxxrestaurant.com | €€*

WILSHIRE RESTAURANT (134 B3) *(ØØ B4)*

Moderne amerikanische Gourmetküche und exzellente Weinauswahl. Im romantisch beleuchteten **INSIDER TIPP** Innenhof speist man am schönsten. Man kann dort auch kleine Gerichte an der Bar bestellen. Samstags nach dem Dinner (ab 22 Uhr) wird das Restaurant zur musikbeschallten Lounge. *2454 Wilshire Blvd. | Santa Monica | Tel. 1 310 5 86 17 07 | www.wilshirerestaurant.com | €€*

COFFEESHOPS & SNACKS

FUNNEL MILL ☺ (132 B5) *(ØØ A1)*

Hier wird die Tasse Kaffee zum Luxuserlebnis. In der Gourmet-Coffeebar werden die exquisitesten Kaffees aus aller Welt aufgebrüht, alle aus biologischem Anbau. Für $ 15 kann man vier *Daily Estates* probieren und sich über die Geschmacksnoten aufklären lassen. Oder trinken sie für $ 74 die teuerste Tasse Kaffee Ihres Lebens: Die Bohnen des *Kopi Luwak* aus Sumatra werden vom Fleckenmusang, einer Schleichkatzenart, gefressen, verdaut und wieder ausgeschieden, ehe sie geröstet werden. *So. geschl. | 930 Broadway Street | Santa Monica | Tel. 1 310 3 93 16 17 | www.funnelmill.com | €*

INTELLIGENTSIA (133 F5) *(ØØ O)*

Die Starbucks-Alternative hat L. A. im Sturm erobert. Die Baristas geben sich mit jeder Tasse Cappuccino größte Mühe. Serviert werden die Getränke in Porzel-

ESSEN & TRINKEN

Für Naschkatzen ein Muss: Sprinkles Cupcakes

lantassen. Das Ambiente ist modern und industriell *(weitere Filialen in Silver Lake, Downtown und Pasadena). 1331 Abbot Kinney Blvd. | Venice | Tel. 1310 3 99 12 33 | www.intelligentsiacoffee.com | €*

SPRINKLES CUPCAKES (135 F1) *(D3)*
Hier gibt es nichts außer Amerikas beliebtestem Kuchen, dem *Cupcake*. Die muffin-förmigen Teilchen mit Buttercremehaube werden bei Kindergeburtstagen und Parties serviert, und erleben derzeit eine derartige Renaissance unter L. A.s erwachsenen Schleckermäulern, dass sich zu Stoßzeiten eine lange Schlange bildet. Es gibt 25 verschiedene Geschmackssorten, darunter Ingwer-Zitrone, Karotte, Kürbis und Chai Latte. *9635 S Santa Monica Blvd. | Beverly Hills | Tel. 1310 2 74 87 65 | www.sprinkles. com | €*

MEDITERRAN

CAFÉ ROMA (136 A3–4) *(E3)*
Feiner Italiener und eine Oase der Ruhe im Innenhof eines kleinen Shoppingcenters. **INSIDER TIPP** Samstags sind manchmal Sylvester Stallone und Arnold Schwarzenegger unter den Gästen, weil sie hier nach ihrem Besuch beim benachbarten Starfriseur gerne zum Lunch oder auf einen Cappuccino vorbeikommen. *350 N Canon Drive | Beverly Hills | Tel. 1310 2 74 78 34 | €€*

C & O TRATTORIA (134 C6) *(B7)*
Singende Kellner, frisch gebackenes Knoblauchbrot und Riesenportionen auf dem Teller. Der Hauswein kommt flaschenweise zur Selbstbedienung auf den Tisch. Kein Wunder, dass der Laden eigentlich immer gerammelt voll ist, deshalb müssen Sie sich auf Wartezeiten einstellen. *31 Washington Blvd. | Marina Del Rey (am Venice Pier) | Tel. 1310 8 23 94 91 | €*

LITTLE DOOR (136 C3) *(F3)*
Hinter der Tür ohne Schild verbirgt sich ein verstecktes Paradies: Auf der romantischen Terrasse werden mediterrane und spanische Gerichte serviert. Reservierung empfohlen. *8164 W Third Street | westl. von Fairfax Av. | Los Angeles | Tel. 1323 9 51 64 55 | €€€*

LATEINAMERIKANISCH

OSTERIA MOZZA (137 D3) (*G2*)
Beliebt für die hervorragende kalifornisch-italienische Küche. Verwendet werden frische Produkte aus dem Umland, bevorzugt aus Bioanbau. Lunch gibt's in der *Pizzeria Mozza* nebenan, wo die besten Pizzen der Stadt gebacken werden. *6602 Melrose Av./Highland Av. | Holly-*

BORDER GRILL (132 B5) (*A2*)
Moderne mexikanische Küche, leichter und gesünder als die Tradition und trotzdem voller Geschmack. Das Bemühen um Nachhaltigkeit beinhaltet auch, dass keine bedrohten Fischarten verarbeitet werden. *1445 Fourth Street | Santa Monica | Tel. 13104511655 | €*

Die Pizzen der Pizzeria Mozza gelten als die besten der Stadt

wood | www.mozza-la.com | Tel. 1323 2 97 01 00 | €€

LATEINAMERIKANISCH

BESO (133 E2) (*K7*)
Das Restaurant von „Desperate Housewives"-Star Eva Longoria. *Beso* ist Spanisch und bedeutet „Kuss". Sexy loftartiger Speiseraum mit riesigen Kristallglasleuchtern und schwarzem Leder. Auf der Karte stehen lateinamerikanische Spezialitäten, Fisch, Steak und die Familienrezepte der Schauspielerin, z. B. „Eva's Famous Guacamole" (Avokadocreme). *So geschl. | 6350 Hollywood Blvd./Ivar Av. | Hollywood | Tel. 1323 4 67 79 91 | €€€*

EL CHOLO ★ (137 E5) (*H4*)
Seit 1927 werden in der traditionsreichen mexikanischen Cantina im pinkfarbenen Adobebau authentisches Essen im Hacienda Style und die größten Margaritas der Stadt serviert. Beste *mole poblano* (Schokoladensoße) mit Huhn und *guacamole* (Avocadocreme). *1121 S Western Av. | zw. Olympic/Pico Blvd. | Tel. 1323 7 34 27 73 | www.elcholo.com | €*

VERSAILLES (136 B4–5) (*E4*)
Auch wenn der Name auf Frankreich verweist: Spezialitäten aus Havanna mit schwarzen Bohnen und Reis, gegrilltem Fisch, Spanferkel in Knoblauch-Zitronen-Soße. *1415 S La Cienega Blvd. | südl. von Pico Blvd. | €*

ESSEN & TRINKEN

ROMANTISCH

INSIDER TIPP ▶ INN OF THE SEVENTH RAY
● (140 A3) (*∅ 0*)

Am schönsten, wenn es dunkel wird: kleine Lichter in den Bäumen, Kerzen auf den Tischen, Cañongeräusche der Nacht, klassische Musik, Ente mit Mangopüree und vegetarische Festtafel, Wein aus Bioanbau, auf Wunsch sogar alkoholfrei. *128 Old Topanga Road/Topanga Canyon Rd. | Malibu | Tel. 1310 4 55 13 11 | www. innoftheseventhray.com | €€*

MOONSHADOWS (140 A3) (*∅ 0*)
Moderne Gourmetküche. Am Wochenende für Brunch und auch am Nachmitag beliebt, wenn DJs in der Lounge auflegen. Im Speisesaal um einen Fensterplatz bitten! Romantisch an lauen Sommerabenden: In den Sitzlandschaften auf der Terrasse wird das Essen serviert – oben Sternenhimmel, unten rauscht der Pazifik. *20 356 Pacific Coast Highway | Malibu | Tel. 1310 4 56 30 10 | €€€*

SEAFOOD

THE LOBSTER 🌿 (132 B6) (*∅ B2*)
Fisch, Austern, Hummer, Krabben, Muscheln: gegrillt, gekocht, gedünstet, auch Steaks und Hühnchen. Die Aussicht ist traumhaft! Reservierung empfohlen. *1602 Ocean Av./Colorado Blvd. | Santa Monica | Tel. 1310 4 58 92 94 | www. thelobster.com | €€*

STEAKHOUSES

BLT STEAK (136 B2) (*∅ E2*)
Trendiges Steakhouse am Sunset Boulevard. Perfekte Steaks; man bestellt am besten vom Tagesangebot, das an der Wand angeschrieben ist. *8720 W Sunset Blvd. | West Hollywood | Tel. 1310 3 60 19 50 | www.bltsteak.com | €€€*

INSIDER TIPP ▶ MUSSO & FRANK GRILL
(132 C2) (*∅ H7*)

In Hollywoods ältestem Restaurant speisten schon Charlie Chaplin und Ernest Hemingway. Seit 1919 hat sich hier wenig verändert: Die Ober sind immer noch steif und korrekt, die Decke mit Eiche vertäfelt, die Sitzecken mit rotem Leder gepolstert, die Martinis trocken. Steaks, Hummer, Lamm. *So/Mo geschl. | 6667 Hollywood Blvd. | Hollywood | Tel. 1323 4 67 77 88 | €€*

VEGETARISCH

CAFÉ GRATITUDE ⭐ (137 D3) (*∅ G2*)
Das Lieblingsrestaurant der Yogagemeinde. Köstlicher kann Gesundheitsbewusstsein nicht sein: Jedes der mit viel Liebe zubereiteten Gerichte ist hundert Prozent vegan und sorgt für *good vibrations.* Dazu gibt es frisch gepresste Säfte, Smoothies und entschlackende Tees und Elixiere. *639 Larchmont Blvd. | Los Angeles | Tel. 1323 5 80 63 83 | www. cafegratitudela.com | €*

REAL FOOD DAILY 🕐 (132 A5) (*∅ A1*)
100 Prozent vegetarisch! Hier kommt nichts auf den Teller, was Eltern hat. Selbst Milch, Käse und Eier sind tabu. Phantasievolle Kreationen: gegrillt, gedünstet oder roh mit Gemüse, Tofu, Miso, Terriaki, Pesto, Salat und Früchten. *514 Santa Monica Blvd. | Santa Monica | Tel. 1310 4 51 75 44 | www.realfooddaily. com | €*

URTH CAFÉ 🕐 (136 A4) (*∅ E3*)
Neben Salaten, Suppen und Sandwiches wird hier kreative Bioküche aufgetischt; außerdem gibt's köstlichen Kuchen. Beliebt bei gesundheitsbewussten Hollywoodstars wie Cameron Diaz und Kirsten Dunst. *267 S Beverly Drive | Beverly Hills | Tel. 1310 2 05 93 11 | €*

EINKAUFEN

WOHIN ZUERST?
Fashionistas beginnen einen Shoppingmarathon im **Beverly Center** *(La Cienega | Ecke San Vicente Blvd.)* **(136 B3)** *(🛈 E3)*. Hier gibt es Boutiquen für jeden Geldbeutel sowie Kaufhäuser. Das zentrale Shoppingcenter hat eine Parkgarage und ist mit den Metrobussen 16, 218, 316 (Third Street) zu erreichen. Wer frische Luft braucht, kann von hier aus bequem die Einkaufsviertel entlang Melrose Avenue und Third Street östlich von La Cienega Blvd., sowie den Robertson Boulevard drei Straßenblöcke in Richtung Nordwesten erreichen.

Die Einkaufsmöglichkeiten in L. A. sind **gigantisch und vielfältig. Aber das ist noch nicht alles, hier herrscht auch rund ums Jahr Ausverkauf** *(sale)*. **An Feiertagen, wenn bei uns alle Läden geschlossen sind, werden hier besonders viele Sonderangebote angepriesen.**
Wo man was bekommt, steht in großen Anzeigen in der „L. A. Times". Wer Zeit hat, kann sich durch die Stände der Niedrigpreisläden wie *Loehmann's (www.loehmanns.com)* und *Ross Dress for Less (www.rossstores.com)* wühlen, die über die Stadt verteilt sind. Hier gibt's Designermode, Jeans, T-Shirts, Handtaschen und Schuhe zum Discountpreis. Das Angebot ist häufig überwältigend.
L. A. ist das Shopping-Mall-Paradies. Aber Sie müssen nicht jede abklappern.

Bild: Beverly Hills, Wilshire Boulevard/Rodeo Drive

Luxus und Schnäppchenjagd sind keine Gegensätze: In den Kathedralen des Konsums ist das ganze Jahr über Ausverkauf

Im Großen und Ganzen gibt es, mit kleinen Abweichungen, überall die gleichen Kaufhäuser und Läden wie *Gap, Abercrombie & Fitch* und *Victoria's Secret* sowie Turnschuhboutiquen mit Nike oder Reebok. Zu den beliebtesten Malls gehören das *Beverly Center* (136 B3) (🕮 E3) für sein riesiges Angebot an Läden, das *Grove* (136 C3) (🕮 F3) wegen seiner einladenden Atmosphäre unter freiem Himmel sowie das *Santa Monica Place*, (132 B5–6) (🕮 B2) ebenfalls unter freiem Himmel. Das Verkaufspersonal in den Boutiquen ist sehr zuvorkommend und aufmerksam. Man arbeitet oft auf Provisionsbasis. Unerwünschte Hilfsbereitschaft können Sie mit „I'm just looking" („Ich schau' mich nur um.") höflich abblocken.

Das Parken ist in den Malls und den Parkhäusern in Beverly Hills und Santa Monica meist für 2–3 Stunden kostenlos. Lesen Sie die Schilder, die an der Einfahrt aushängen, damit es keine böse Überraschung gibt. Am besten notieren Sie sich, wo Sie parken, damit Sie bei der Rückkehr nicht lange suchen müssen. Die Malls haben wie alle anderen Geschäfte sieben Tage die Woche geöffnet, und das in der Regel 10–20 Uhr, an Wochenen-

Third Street Promenade in Santa Monica

den länger. Läden und Boutiquen auf der Straße machen meist gegen 18 Uhr dicht. Supermärkte und Drugstores sind häufig rund um die Uhr geöffnet. Und überall gibt es reichlich Parkmöglichkeiten. Shoppen zum Einkaufspreis kann man in den *Outlet Stores*, die sich allerdings außerhalb der Stadt befinden.

Souvenirs wie Filmposter, Post- und Autogrammkarten, Schlüsselanhänger oder T-Shirts finden Sie auf dem *Hollywood Walk of Fame* entlang des Hollywood Boulevards zwischen Gower Street und La Brea Avenue in Hollywood (132–133 A–F2) (*G–L7*). Sonnenbrillen, T-Shirts und mehr werden auf dem *Ocean Front Walk* zwischen Marine Street und Windward Avenue am Venice Beach (133 E–F6) (*D2*) angeboten. Exotische Waren wie Seidenkimonos, Slipper, Fächer, grüner Tee, Ginseng und preiswerte Koffer und Taschen gibt's in *Chinatown* zwischen Broadway und Yale Street (131 F1) (*K–L3*), mexikanische Souvenirs, Silber und Lederwaren auf der *Olvera Street* zwischen Main und Los Angeles Street in Downtown (131 F3) (*K4*). Im quirligen **INSIDER TIPP** *Fashion District in Downtown*, zwischen Ninth Street und Pico Boulevard sowie Maple und Los Angeles Street (138 B5) (*J–K4*), findet sich ein Durcheinander von mehr als 1000 kleinen Läden, die günstige Mode und Trends zu Dumpingpreisen anbieten. Besonders quirlig ist die *Santee Alley* (138 B5) (*K4*) mit vielen kleinen Shops.

Die besten Einkaufsmöglichkeiten außerhalb der Malls: *Montana Avenue* zwischen Sixth und 17th St. (134 A3–4) (*A4–5*), *Main Street* zwischen Ocean Park Boulevard und Marine Street (133 D6) (*C2*) und *Third Street Promenade* zwischen Broadway und Wilshire Boulevard in Santa Monica (132 A–B6) (*A2*); *Sunset Strip* (Sunset Plaza) zwischen La Cienega und San Vicente Boulevard (136 B2) (*E2*), *Melrose Avenue* zwischen La Brea Avenue und Doheny Drive in West Los Angeles (136 B–C3) (*F–G3*); sowie *Third Street* zwischen Fairfax und La Cienaga (136 B–C3) (*F3*); das „goldene Dreieck" zwischen Wilshire und Santa Monica Boulevard und Crescent Drive in Beverly Hills (135 F1) (*D–E3*).

EINKAUFEN

Denken Sie daran, dass die Verkaufssteuer nicht im Preis inbegriffen ist. Überall werden 9,75 Prozent *sales tax* addiert.

ANTIQUITÄTEN

TFTM (THANKS FOR THE MEMORIES)
(136 B3) (𝄂 F2)
Sammlerstücke aus den 40er- bis 60er-Jahren sowie Original Art-déco: Möbel, Ölgemälde, Poster, Fotografien, Nippesfiguren, Schmuck und Bakelitarmbänder, Ohrringe und Ketten. *Mi und So geschl. | 8319 Melrose Av. | zw. La Cienega Blvd./ Fairfax Ave.*

BÜCHER

BOOK SOUP ★ (136 B2) (𝄂 E2)
Der berühmteste Literaturladen in L. A., hier finden auch INSIDER TIPP Autorenlesungen statt. Riesenauswahl an Büchern zum Thema Showbiz, internationalen Zeitungen und Zeitschriften. *Mo–Sa 9–22, So 9–19 Uhr | 8818 Sunset Blvd. | zw. Hollyway Dr./Larrabee St.*

HENNESSEY & INGALLS
(132 A6) (𝄂 A2)
Amerikas größtes Fachgeschäft für Bücher und Zeitschriften zu Kunst und Architektur. Hier finden Sie z. B. Literatur über Richard Neutra, Rudolf Schindler und all die anderen, die Kalifornien mit ihren Bauwerken bestückt haben. *214 Wilshire Blvd. | Santa Monica | www.hennesseyingalls.com*

ELEKTRONIK

Achtung beim Kauf von allem, was einen Stecker hat: In den USA gibt es eine andere Netzspannung. Fragen Sie, ob sich das Gerät umstellen lässt.

APPLE STORE
Hier wird der komplette Apple-Lifestyle geboten. Mehrere Läden, u. a. *1415 Third Street Promenade | Santa Monica* (132 A6) (𝄂 A2), außerdem in den Shopping Malls *The Grove* (136 C3) (𝄂 F3) und *Beverly Center* (136 B3) (𝄂 E3).

★ **Book Soup**
Beliebter Literaturtempel und Treffpunkt → S. 75

★ **Samy's Camera**
Hier kaufen die Profis, Amateure werden auch fachkundig bedient → S. 76

★ **Ontario Mills**
Outlet-Paradies: Marken- und Designerkleidung und -accessoires zu Tiefstpreisen → S. 76

★ **Design Within Reach**
Ein Mekka für Liebhaber modernen Designs → S. 77

★ **Fred Segal**
Hier shoppt Hollywood, hier werden Trends gemacht → S. 78

★ **Barneys New York**
Trendsetter von der Ostküste: Kaufhaus mit aktuellen Designerkollektionen → S. 78

★ **American Rag Cie**
Die Denim-Bar führt 70 angesagte Jeansmarken → S. 79

★ **The Grove at Farmers Market**
Einkaufsparadies zum Bummeln, ganz unamerikanisch ohne Autoverkehr → S. 82

MARCO POLO HIGHLIGHTS

FACTORY OUTLET STORES

BROOKSTONE (132 A6) (*ID A2*)
Innovative technische Neuheiten, große Auswahl an Smartphone- und Tablet-Accessoires. Weitere Filialen in der Stadt. *1311 Third Street Promenade | Santa Monica | www.brookstone.com*

FRY'S ELECTRONICS (140 C4) (*ID 0*)
Der Elektronik-Superstore in Flughafennähe lockt immer mit Sonderangeboten. *3600 Sepulveda Blvd./Rosecrans | Manhattan Beach*

SAMY'S CAMERA ⭐ (136 C3) (*ID F3*)
Alles rund um Foto und Video, von der Profi- bis zur Hobby-Ausrüstung. Extrem fachkundiges und hilfsbereites Personal. *431 S Fairfax Av. | Hollywood | www.samys.com*

FACTORY OUTLET STORES

INSIDER TIPP ▶ CAMARILLO PREMIUM OUTLETS (0) (*ID 0*)
Hier ist alles um 25–65 Prozent billiger. 120 Läden: u. a. MCM, Reebok, Donna Karan, Ann Taylor. *740 E Ventura Blvd. | 60 km nördl. von Downtown, I-101, Ausfahrt Las Posas (zw. L.A. und Santa Barbara) | Camarillo*

CITADEL OUTLETS (141 D3) (*ID N5*)
Über hundert Läden, am schnellsten von der Stadt aus zu erreichen. *100 Citadel Drive | 15 km südl. von Downtown, I-5, Ausfahrt Atlantic Blvd. N, rechts auf Telegraph Road, links auf Citadel Drive | City of Commerce*

DESERT HILLS PREMIUM OUTLETS (0) (*ID 0*)
Über 120 Läden von A/X Armani, Barneys New York, Cole Haan, Donna Karan, Escada, Esprit, Gap, Guess?, Lacoste, Levis, Nike, Polo Ralph Lauren, Hilfiger, Versace, OshKosh B'Gosh etc. *48 400 Semi-*

nole Drive | Cabazon | 60 Min. von L. A., I-10, Ausfahrt Fields Rd. (zw. L. A. und Palm Springs)

ONTARIO MILLS ⭐ (0) (*ID 0*)
One-Stop-Shopping für die ganze Familie in der größten Outlet-Mall im Großraum L. A. Die Preise sind niedrig, und in den mehr als 200 Läden kann man stundenlang nach phantastischen Deals stöbern. Hier findet man außer vielen Modemarken auch Elektronik, Lederwaren, Brillen, Sportartikel, Schmuck, Bekleidung, Kosmetik, Spielzeug, Bücher, CDs. *Ca. 40 Min. östl. von L. A., 30 Min. von Disneyland, I-10, Ausfahrt Milliken Ave., Kreuzung I-10/I-15 (zw. L. A. und Palm Springs)*

FLOHMÄRKTE & SECONDHAND

DECADES (136 B3) (*ID F2*)
Einer der Lieblingsläden der Stars: Renée Zellweger, Jennifer Lopez und Nicole Kidman kaufen hier gern ihre *vintage*-Designer-Outfits aus den 60er- und 70er-Jahren. Exquisite Auswahl von ausrangierten Chanel-Kostümen, Dior-Schuhen und Yves-Saint-Laurent-Roben aus den Kleiderschränken der Hollywood-Ladies. Die Secondhand-Couture liegt jedoch weit über Flohmarktpreisen. Auch Männerkleidung. *8214 Melrose Av./Harper Av. | West Hollywood*

INSIDER TIPP ▶ IT'S A WRAP
(136 B4) (*ID E4*)
Hier können Sie ausrangierte Designermoden aus den Kostümabteilungen der Hollywoodstudios zu Flohmarktpreisen erstehen. Das Personal an der Kasse gibt gerne Auskunft darüber, in welcher TV-Serie Ihr neues Kleidungsstück schon einen Auftritt hatte. *1164 S Robertson Blvd. | zw. Olympic/Pico Blvd. | Beverly Hills | www.itsawraphollywood.com*

EINKAUFEN

RE-MIX (136 C3) (*F3*)
Plateauschuhe, Hush Puppies, Joan-Crawford-Pumps, Schuhe von 1920 bis 1970 – und alle ungetragen! Ist Insidern zufolge ein Lieblingsladen von Madonna. *7605 Beverly Blvd. | zw. Fairfax/La Brea Av. | Los Angeles*

ROSE BOWL FLEA MARKET
(141 D2) (*O*)
An jedem zweiten Sonntag im Monat kann man auf dem größten Flohmarkt Südkaliforniens nach Herzenslust stöbern. Das Angebot ist groß: Surfboards, Keramik aus Mexiko, Secondhand-Klamotten, antike Möbel, Schmuck und vieles mehr. *9–15 Uhr | Eintritt $ 8 | 991 Rosemont Av. | Pasadena*

WASTELAND (136 C3) (*F2*)
Riesenauswahl an Retroklamotten. Hier findet man vor allem Hawaii- und Cowboyhemden, Jeans, Schuhe. *7428 Melrose Av./Vista St. | Los Angeles*

GESCHENKE & SOUVENIRS

AAHS!
Ramschparadies für Fans von Film, Musik und Popkultur im Allgemeinen: T-Shirts, Action-Figuren, Lunchboxes, Spielzeug und andere preiswerte Geschenk- und Gagartikel – mit Motiven von Hello Kitty über Hanna Montana bis zu Spiderman. Mehrere Filialen, u. a. *8878 W Sunset Blvd./San Vicente | West Hollywood* (136 B2) (*E2*) sowie *3223 Wilshire*

Mickey Mouse auf dem Wühltisch: Rose Bowl Flea Market

Blvd. | Santa Monica (134 B–C3) (*B4*) *| www.aahs.com*

DESIGN WITHIN REACH ★
(132 A–B6) (*A2*)
Mekka für Designfans. Möbel und Accessoires von neu aufgelegten, klassischen *midcentury*-Entwürfen aus L. A. wie denen von Charles und Ray Eames bis zu Objekten gegenwärtiger Stars der internationalen Designszene. *332 Santa Monica Blvd. | Santa Monica | www.dwr.com*

77

KAUFHÄUSER

FRED SEGAL ★ (136 C3) (*F2*)
Hier werden Trends gemacht. Zum Publikum zählen Models, Hairstylisten, Visagisten und Moviestars. T-Shirts, Reisetaschen, Schmuck, Accessoires, Kindermode und Spielzeug – von den neuesten Klamotten für den Strand bis zum eleganten Abendoutfit. *8100 Melrose Av./Crescent Hights Blvd. | West Hollywood sowie 400 und 500 Broadway/5th Street | Santa Monica*

KELLYGREEN HOME
(138 B3) (*J3*)
Die Ökoboutique ist dem Motto *high design, low impact* verschrieben. Der ökologische Hintergrund jedes Produkts im Sortiment ist gewissenhaft recherchiert. Im Angebot sind ausgefallener Schmuck, Dekoartikel, Gadgets, Kosmetik und vieles mehr. *2149 W Sunset Blvd. | Silverlake | www.kellygreenhome.com*

RESTORATION HARDWARE
(132 A6) (*A2*)
Ungewöhnliches und Alltägliches aus der guten alten Zeit neu aufgelegt: Spielzeug, Haushaltswaren, Beschläge, Schubladenknöpfe, Heimtextilien und Dekoartikel. *1219 Third Street Promenade | zw. Wilshire/Arizona Blvd. | Santa Monica | www.restorationhardware.com*

SUR LA TABLE (132 A6) (*A2*)
Kochgeschirr und -zubehör vom Feinsten: Keks- und Backformen, Olivenöle, Pasten, Feigenessig, marokkanische Teegläser, Tischdecken, Servietten, Cocktailshaker und Gläser. Zahlreiche Filialen, z. B.: *301 Wilshire Blvd./Third St. | Santa Monica | www.surlatable.com*

INSIDER TIPP ▶ TORTOISE GENERAL STORE (133 F5) (*D2*)
Moderne Designobjekte aus Japan. Ausgefallene Auswahl an Geschirr und mehr oder weniger brauchbaren Alltagsgegenständen und Geschenkartikeln. *Mo. geschl. | 1208 Abbot Kinney Blvd. | Venice*

KAUFHÄUSER

BARNEYS NEW YORK ★
(135 F1) (*E3*)
Eines der schönsten Kaufhäuser in Beverly Hills. Die neuesten Styles aus New York sind wunderschön präsentiert. Die Auswahl ist treffsicher, und es macht Spaß, von einer Designer-„Insel" zur nächsten zu wandern. Allein der Gang über die mit dicken Teppichen bezogenen Treppen gibt einem das Gefühl von Luxus. Ausgeshoppt? Das ☼ Caférestaurant auf der Terrasse hat eine tolle Auswahl an geräuchertem Fisch und anderen New Yorker Spezialitäten. Der Blick über die Dächer von Beverly Hills ist kostenlos. *9570 Wilshire Blvd. | zw. Peck/Camden Dr. | Beverly Hills | www.barneys.com*

Die neuen Pumps sind da: Barneys New York

78   www.marcopolo.de/losangeles

EINKAUFEN

NEIMAN-MARCUS (135 F1) (*ΩΩ D3*)
Mode von Avantgarde bis klassisch. Beliebt bei Promis und solchen, die es gern sein wollen. *9700 Wilshire Blvd. | zw. Roxbury/Bedford Dr. | Beverly Hills | www.neimanmarcus.com*

SAKS FIFTH AVENUE (135 F1) (*ΩΩ D3*)
Die beste Auswahl an Accessoires, Schuhen und Düften. *9600 Wilshire Blvd. | zw. Peck/Bedford Dr. | Beverly Hills | www.saksfifthavenue.com*

KLEIDUNG & ACCESSOIRES

ABERCROMBIE & FITCH
(132 A6) (*ΩΩ A2*)
Junge Mode, auf *vintage* getrimmte Jeans, Poloshirts, Kapuzenjacken, Hemden. Nicht nur bei amerikanischen College Kids, auch bei deutschen Trendsettern äußerst beliebt. Filialen gibt es auch in jeder größeren Mall, Adressen siehe Website. *1345 Third Street Promenade | Santa Monica | www.abercrombie.com*

AMERICAN RAG CIE ⭐
(137 D4) (*ΩΩ G3*)
Riesenauswahl an Trendklamotten, Schuhen und Accessoires für Sie und Ihn. Eine Attraktion ist die gigantische World Denim Bar mit 70 Jeansmarken in aktuellen Styles und Washes. *150 S La Brea Av. | zw. W Third St. und Beverly Blvd. | Los Angeles | www.amrag.com*

ANTHROPOLOGIE (132 A6) (*ΩΩ A2*)
Mode im Vintage-Look für Liebhaber des Außergewöhnlichen. Schmuck, Dekoratives für die Wohnung. *1402 N Third Street Promenade/Santa Monica Blvd. | Santa Monica*

BOOT STAR (136 B2) (*ΩΩ E–F2*)
Stiefelparadies für Möchtegern-Cowboys. Man findet traditionelle Designs und aufgepeppte Rockstar-Versionen für die Großstadt. Außerdem Gürtelschnallen, Lederjacken und andere vom Wilden Westen inspirierte Accessoires. *8493 Sunset Blvd. | West Hollywood | www.bootstaronline.com*

INSIDER TIPP ▶ FORGOTTEN SAINTS
(136 C3) (*ΩΩ F2*)
Einmal shoppen wie ein Hardrockstar: Leder, Spitze, Totenköpfe, ausgefallener Silberschmuck und andere Accessoires. Designerin Cody Varona schneidert Rockern wie Mötley Crüe und Alice Cooper Bühnenkostüme auf den Leib. Auch Tom von Tokio Hotel hat hier schon eingekauft. Es gibt auch günstige Outfits von der Stange. *7569 Melrose Av. | Hollywood | www.forgottensaintsla.com*

KITSON (136 B3) (*ΩΩ E3*)
Ein Trendsetter auf dem Robertson Boulevard. Hier kauft das junge Hollywood ein: Mode, Taschen, Schuhe, Accessoires, Geschenk- und Kosmetikartikel (weitere Filiale in der Santa Monica Place Mall). *115 S Robertson Blvd. | Los Angeles | www.shopkitson.com*

LA EYEWORKS (1364 C3) (*ΩΩ F2*)
Hier wird der Brillenkauf zur Stilfrage: Brillen als Kunstobjekte – klassisch bis ausgefallen und super trendy. Mehrere Filialen. *7407 Melrose Av. | zw. N Martel Av./N Vista St. | West Hollywood | laeyeworks.com*

LEVI'S (136 A4) (*ΩΩ E3*)
Klein, aber fein: Das bestens geschulte Personal in der Dependance des Jeans-Erfinders in Beverly Hills erklärt bereitwillig alles, was man über Denim wissen muss, und hilft beim Finden der idealen Passform. Weitere Filialen in Santa Monica und Malibu. *316 N Beverly Drive/Dayton Way | Beverly Hills*

79

KOSMETIK & FRISEURE

NIKETOWN (135 F1) (*E3*)
Ein sportliches Megaerlebnis, hier können Sie sich von Kopf bis Fuß mit Schuhen, Hemden, Hosen, Baseballcaps des weltweit angesagten Labels einkleiden (weitere Filiale in der Mall *The Grove*). *9650 Wilshire Blvd./Rodeo Dr. | Beverly Hills | www.niketown.nike.com*

URBAN OUTFITTERS (132 B6) (*A2*)
Die Ladenkette bietet preiswerte Modetrends für Studenten-Budgets sowie Bücher, ausgefallene Geschenkartikel, Bürobedarf und witzige Wohnaccessoires. *1440 Third Street Promenade | Santa Monica | weitere Filialen: www.urbanoutfitters.com*

Für modebewusste Sportfans: Niketown in Beverly Hills

PLANET BLUE (133 D6) (*C2*)
Hier shoppen junge Trendsetter verspielt witzige Sommermode: Kleidung (nur Damen), Schmuck, Kosmetik und Lifestyle-Accessoires. *2940 Main Street | Venice | weitere Locations in Malibu, Beverly Hills und Santa Monica | www.shopplanetblue.com*

TRUE RELIGION (136 B3) (*E3*)
Führt die komplette Kollektion der Designerjeans, sämtliche Schnitte in allen Größen und Farben zu wesentlich günstigeren Preisen als in Europa. Das gut geschulte Personal hilft bei der Auswahl der perfekten Passform. *130 S Robertson Blvd. | Los Angeles*

KOSMETIK & FRISEURE

BEAUTY SUPPLY SHOPS
Die Läden bieten Haarpflegemittel und Kosmetik von Paul Mitchell, L'Oréal, Redken, Aveda, Sebastian, Wella, Nexxus u. a. zu Niedrigpreisen an; überall in der Stadt, z. B.: *Melrose Beauty Center* (136 C3) (*F2*) *(7617 Melrose Av. | Westwood)*; *Bay Cities* (132 A–B6) (*A2*) *(320 Santa Monica Blvd./Third St. Promenade | Santa Monica)*

ESTILO (136 C3) (*F3*)
Starfriseure für Meg Ryan, Jessica Alba, Anne Hathaway oder Bette Midler. Sie schneiden nicht nur im Salon, sondern

EINKAUFEN

auch auf TV- und Movie-Sets. *7402 Beverly Blvd./Martel Av. | West Hollywood*

HIGH VOLTAGE TATTOO ●
(137 D2) *(ᗰ G2)*

In L. A. gibt es zahlreiche Tattoo-Studios, aber keines ist so bekannt wie Kat von Ds *High Voltage Tattoo* aus der TV-Reality Serie *L. A. Ink.* Der Laden an sich ist eine Attraktion, aber natürlich kann man sich dort auch eine bleibende Erinnerung stechen lassen – spontan allerdings nur von einem der Angestellten der Tattooo-Königin. Für einen Termin mit Kat von D persönlich muss man Monate im voraus über ihre Webpage Kontakt aufnehmen und hoffen, dass man einen Termin bekommt. *1259 N La Brea Av. | West Hollywood | www.highvoltagetattoo.com*

KATE SOMERVILLE SKINCLINIC ●
(136 B3) *(ᗰ E–F2)*

Kosmetikerin Kate Somerville poliert die Gesichter der Hollywoodschönheiten für Auftritte auf dem roten Teppich. In der Stadt ist sie vor allem für ihren „Red Carpet Glow" berühmt. Stars wie Paris Hilton, Kate Hudson, Demi Moore und Renée Zellwegger schwören auf die Hightech-Behandlungen in dem luxurösen Schönheitssalon. Das Verwöhnprogramm hat allerdings seinen Preis: *The Ultimate Kate Facial,* eine 80-min. Rundumerneuerung, kostet $ 370. *8428 Melrose Place | Suite C | Los Angeles | Tel. 1323 6 55 75 46 | www.skinhealthexperts.com*

SEPHORA

Kosmetikkaufhaus mit riesiger Auswahl. Die klassischen Paletten von Chanel und Shiseido finden Sie hier ebenso wie innovative Pflegeprodukte. Freundliche Visagisten beraten und schminken kostenlos; mehrere Filialen, z. B.: *1349 Third Street | Santa Monica* (132 A6) *(ᗰ A2)* oder im *Hollywood & Highland Cen-*ter *| 6801 Hollywood Blvd. | Hollywood* (132 B1) *(ᗰ G2) | www.sephora.com*

TERRI LAWTON SKIN CARE & AGE MANAGEMENT ● (136 B2) *(ᗰ G4)*

Weil wahre Schönheit von innen kommt, ist die Kosmetikerin auch Meisterin der asiatischen Heilkunde und aktiviert mit Energiearbeit das „Schönheits-Chi". Bei

LOW BUDG€T

▶ Viele Ladenketten haben sich auf den Abverkauf von Designerwaren spezialisiert. Das exklusivste Angebot hat *Loehmann's* **(136 B3)** *(ᗰ E3)* *(333 S La Cienega Blvd. | Ecke W Third St.).* Das Edelkaufhaus *Nordstrom* verkauft seine Ladenhüter bei *Nordstrom Rack* **(140 C4)** *(ᗰ 0)* *(6081 Center Drive | im Einkaufscenter Howard Huges am 405 Fwy. in Flughafennähe).* Ein Ramschfest für Schuhe, Kleider, Spielzeug, Koffer: *Ross Dress for Less* (viele Filialen, die blau-weißen Schilder sieht man überall in der Stadt).

▶ In der *Santee Alley* **(131 D6)** *(ᗰ K4) (in Downtown | zw. E Eighth St./E Ninth St.)* mit mexikanischem Marktflair wird hart um Preise verhandelt. Hier gibt's die neuesten Trends und nachgemachte Designerwaren zu Schnäppchenpreisen.

▶ Auf dem Hollywood Boulevard kann man sich am Eingang zum *Hollywood & Highland Center* an der Touristeninformation die kostenlose *Elephant Card* abholen, mit der man in den Läden des Einkaufszentrums Rabatte von 10–20 Prozent bekommt.

MUSIK

Michelle Williams, Jude Law und Naomi Watts scheint das zu wirken. *Preise auf Anfrage | Tel. 1310 8 55 08 95 | 931 ½ La Cienega Blvd. | West Hollywood | www.terrilawton.com*

MUSIK

INSIDER TIPP ▶ AMOEBA MUSIC
(133 D3) (*M G2*)
Eine Fundgrube für Musikliebhaber aller Stilrichtungen. Die Verkäufer geben sich Mühe; viele sind selbst Musiker. Auch Live Acts. *6400 Sunset Blvd./Cahuenga | Hollywood | www.amoebamusic.com*

SCHMUCK

CHANEL (135 F1) (*M E3*)
Kleidung und Modeschmuck; neue Kollektionen sowie Kopien der Originalentwürfe von Madame Coco aus den 1920er- und 30er-Jahren. *400 N Rodeo Drive/ Brighton Way | Beverly Hills*

TIFFANY & CO (136 A4) (*M E3*)
Frühstück wird hier nicht serviert, dafür gibt's aber die komplette Kollektion klassischer Schmuckstücke, von erschwinglichen Silberarbeiten bis zu teuren Brillanten. *210 N Rodeo Drive | Beverly Hills*

SHOPPINGCENTER & MALLS

BEVERLY CENTER ● (136 B3) (*M E3*)
Einkaufszentrum mit ca. 200 Läden und Filialen von Kaufhäusern wie Macy's und Bloomingdale's. *8500 Beverly Blvd. | Third St. | West Hollywood | www.beverlycenter.com*

CENTURY CITY SHOPPING CENTER
(135 E2) (*M D3*)
Über 100 Geschäfte und reichlich Parkplätze; dazu Kaufhäuser, Kinos, Restaurants, Boutiquen und ein Supermarkt –

alles unter freiem Himmel. *10 250 Little Santa Monica Blvd. | zw. Av. of The Stars/ Century Park W*

SANTA MONICA PLACE MALL
(132 B6) (*M B2*)
In der schicken Outdoor-Mall weht einem die erfrischende Seeluft entgegen. Das Shoppingcenter wird von den Filialen der Luxuskaufhäuser *Nordstrom* und *Bloomingdale* eingerahmt; dazwischen zahlreiche kleine Boutiquen und Niederlassungen namhafter Designer. Auf der Dachterrasse findet man Restaurants, im ☼ *Foodcourt* auch preiswertes Essen mit Blick aufs Meer und den Santa Monica Pier. *315 Broadway | Santa Monica | www.santamonicaplace.com*

THE GROVE AT FARMERS MARKET ★
(136 C3) (*M F3*)
Neben dem *The Grove at Farmers Market*, der seit 1934 Kunden anlockt, ist mit *The Grove* eine kleine Einkaufsstadt entstanden, die zum Schaufensterbummel ohne Autoverkehr einlädt. Neben Cafés, Restaurants, Kinos und vielen Läden zum Gucken und Kaufen gibt's viel frische Luft. *6301 W Third St. | Fairfax Av. | Los Angeles | 2 Std. kostenlos parken | www.thegrovela.com*

THIRD STREET PROMENADE
(132 A–B6) (*M A2*)
Eine Seltenheit für Los Angeles ist diese **INSIDER TIPP ▶** autofreie Zone mit Restaurants, Kinos, Boutiquen, Buchläden und Straßenkünstlern. *Third St. Promenade | www.thirdstreetpromenade.com*

SPIELZEUG

AMERICAN GIRL PLACE
(136 C3) (*M F3*)
Riesenauswahl an Puppen. In der Boutique werden identische Outfits für die

EINKAUFEN

Puppe und die Puppenmama angeboten. Außerdem Schönheitssalon, Fotostudio, Café. *189 The Grove Drive | The Grove Shopping Center, Suite F-10 | Los Angeles | www.americangirl.com*

REI (132 A6) (*M A2*)
Großer Sport- und Outdoor-Ausstatter. Hier findet man wirklich alles, was man für die Reise und fürs Camping sowie für jeden denkbaren Normal- und Extrem-

In den USA eine Seltenheit: autofrei bummeln und shoppen in The Grove at Farmers Market

BUILD A BEAR (135 E3) (*M D4*)
Für kleine Designer sind der Phantasie wenig Grenzen gesetzt: Kuscheltieren (nicht nur Bären) kann man hier einen einzigartigen Pelz und Look verpassen. *Westside Pavillon | 10 800 Pico Blvd. | West Los Angeles | www.buildabear.com*

SPORT & FUN

BIKE ATTACK (132 C6) (*M C2*)
Man spricht Deutsch in diesem Radsportgeschäft, das auch eine Niederlassung in Berlin hat. Feine Auswahl von *fixed geared bikes,* Rennrädern und Mountainbikes. *Bike Attack* INSIDER TIPP verleiht auch Straßenräder für Touren durch Südkalifornien und hilft bei der Routenplanung. *2400 Main Street | Santa Monica | www.bikeattack.com*

sport braucht. *402 Santa Monica Blvd. | Santa Monica | www.rei.com*

INSIDER TIPP **ZJ BOARDING HOUSE** (133 D6) (*M C2*)
Brettsportparadies, in dem die *locals* shoppen: Hier gibt's nicht nur die coolsten Boards für Wellenreiten, Skaten und Snowboarding, sondern auch die passenden Outfits sowie alle Accessoires vom Handtuch bis zur Lern-DVD. Direkt nebenan liegen zwei weitere Läden exklusiv für Surfer- und Skatergirls. Wer das Wellenreiten am nahegelegenen Strand von Santa Monica auch einmal selber ausprobieren will, kann im Laden einen *instructor* für eine Privatstunde mieten, Brett und Neoprenanzug inklusive (*$ 90/Std.*). *2619 Main Street/Ocean Park | Santa Monica | www.zjboardinghouse.com*

83

AM ABEND

WOHIN ZUERST?
Sunset Boulevard (136 B–C2)
(*E–F2*): Das ist die erste Adresse, vor allem am Wochenende. Beginnen Sie Ihren *cruise* im Westen, am Doheny Drive, vorbei an den Schildern der Konzertclubs, die die Bands des Abends ankündigen. Es geht los mit *The Roxy, The Whiskey a Go Go,* vorbei am *The Viper Room* und dem *House of Blues* bis zum *Chateau Marmont.* Alle Bars und Clubs bieten *Valet Parking* an, d. h., man gibt seinen Wagen direkt vor der Tür ab. Der Sunset Boulevard wird auch von der Metro-Buslinie 2 bedient.

Das Nachtleben von Los Angeles ist vielseitig und bedient jeden Geschmack. Es gibt ein großes Angebot an kulturellen Veranstaltungen aller Art und außerdem eine lebhafte Club- und Barszene.

Obwohl man von Santa Monica bis Silver Lake in jedem Stadtteil Ausgehmöglichkeiten findet, sind die meisten Clubs und Bars in Hollywood und West Hollywood, wo viele Schauspieler, Models und Fotografen leben. Das bedeutet jedoch nicht unbedingt, dass Sie die bekannten Gesichter auch zu sehen bekommen. Viele Clubs haben separate V. I. P. Rooms. Um 2 Uhr ist fast überall Schluss. Danach ist Alkoholausschank verboten.

Man besucht L. A. nicht unbedingt der Oper, des Balletts oder Theaters wegen, dennoch gibt es hervorragende Vorstel-

Bild: Los Angeles bei Nacht

Bars und Diskos, Musik- und Comedyclubs, Theater und Kino – hier haben Nachtschwärmer freie Wahl

lungen und Weltpremieren; die Auswahl ist groß. L. A. hat über 1000 *Performing Arts Companies* – New York „nur" 815. Das L. A. Philharmonic Orchestra, derzeit unter der Leitung des venezolanischen Shootingstars Gustavo Dudamel, ist eines der besten der Welt. Placido Domingo hat als Intendant Welttalente und Hollywood-Regisseure an die Oper geholt – mit tollen Ergebnissen. Viele Leinwandstars, wie Al Pacino oder Annette Benning, legen ab und zu eine Filmpause ein, um Theater zu spielen. Im Sommer gibt es überall Openairveranstaltungen. Viele Bars und Clubs vermieten ihre Räume an DJs, die ihre Fangemeinde mitbringen, oder an Partyveranstalter, die sich immer wieder neue Themen einfallen lassen. Was wo stattfindet, steht in der Zeitung. Eingeweihte holen sich Flugblätter mit den neuesten Infos in den Shops der Melrose Avenue. Die Eintrittspreise betragen je nach Show um $ 20, geöffnet ist meist ab ca. 21 Uhr.

Wenn Sie einfach nur bummeln wollen, ist die *Third Street Promenade* in Santa

BARS

Monica der rechte Ort. An Wochenenden gaukeln Straßenkünstler mit Musik, akrobatischen Kunststücken und Zaubertricks bis spät in die Nacht vor applaudierendem Publikum. Informationen, was wann wo stattfindet, entnehmen Sie der „L. A. Weekly" *(www.laweekly.com)* oder dem „Los Angeles Magazine" *(www.losangelesmagazine.com).* Karten für Theatervorstellungen, Ballettaufführungen, Konzerte oder sportliche Veranstaltungen können Sie z. B. bei *Ticketmaster* erabend auf ein Bier treffen und die Spiele auf gigantischen Bildschirmen verfolgen. Viele Bars haben *Happy Hours,* dann gibt's Getränke zum halben Preis.

BAR CENTRO ★ (136 B–34) (*E3*)
Die von Philippe Starck entworfene Lounge im SLS Hotel ist superschick und sexy und einer der besten Orte zum *people watching:* Schauspieler und ihre Agenten, junge Hollywood-Assistenten, die auf den großen Durchbruch hoffen. Ge-

Unvergleichliche Location: Rooftop Bar im Standard Hotel

(Tel. 1213 4 80 32 32 | www.ticketmaster.com) bestellen. Theatertickets zum halben Preis: *www.theatrela.org*

BARS

Es gibt Bars in Restaurants, Bars, in denen Musikgruppen auftreten und wo Sie auch dinieren können, Hotelbars, in denen Sie tanzen können, und *Sportsbars,* die unseren Kneipen entsprechen, wo sich Football- und Baseballfans nach Feinauso wie die Drinks: Neben Standardcocktails werden Gurken-Martinis oder mit Zuckerwatte gemixte *Magic Mojitos* serviert. *465 S La Cienega Blvd. | SLS Hotel | Beverly Hills*

BAR MARMONT (136 B–C2) (*F2*)
Szenekneipe beim gleichnamigen Luxushotel am Sunset Boulevard. Die Kellnerinnen sehen aus wie Models, die Gäste sind hip, die Drinks alkoholstark, die Türsteher rigoros; die Warteschlange kann

AM ABEND

man mit Dinner-Reservierung umgehen. *Tel. 1323 6 50 05 75 | 8171 Sunset Blvd. | West Hollywood*

BARNEY'S BEANERY (136 B2) (*m* E2)
140 verschiedene Hamburger, über 200 Biere. Tanz, Sport-TV, Karaoke, Poolbillard, Videospiele. Kein Einlass für Minderjährige, Ausweis mitbringen! *Eintritt frei | tgl. 10–2 Uhr | 8447 Santa Monica/ La Cienega Blvd.*

COPA D'ORO ☺ (132 B6) (*m* A–B2)
In dieser Cocktailbar werden kreative Drinks mit Früchten und Kräutern aus organischem Anbau zubereitet. Dazu gibt's auch kleine Gerichte, Käseplatten, Panini, Salate. *Tel. 1310 5 76 30 30 | 217 Broadway | Santa Monica*

INSIDER TIPP PIANO BAR
(133 D2) (*m* J7)
Romantische Oase einen Steinwurf vom trubeligen Hollywood Boulevard. Das Klavier begleitet Cabaret-, Jazz- und Bluessänger. Relaxte Atmosphäre, Kerzenschein, an der Bar Musikliebhaber aus der Nachbarschaft. *Tgl. 13–2 Uhr | 6429 Selma Av. | Hollywood | www. pianobarhollywood.com*

RAINBOW BAR & GRILL ●
(136 B2) (*m* E2)
Musik der Siebzigerjahre, unter den Gästen coole Typen wie Lemmy von Motörhead oder Ozzy und Sharon Osborne. Pizza aus dem Ofen. *9015 Sunset Blvd. | südl. V. Doheney Drive | West Hollywood*

INSIDER TIPP ROOFTOP BAR IM STANDARD HOTEL ☼
(130 C4) (*m* P7)
Mit Pool, Wasserbett-Liegewiesen und toller Aussicht auf die umliegenden Hochhäuser. Abends live DJs; am Wochenende beginnt die Party schon am Nachmittag. *Tgl. 12–1.30, bis 19 Uhr Eintritt frei | 550 S Flower Street | Downtown*

INSIDER TIPP THE ABBEY
(136 B3) (*m* E2)
Erste Partyadresse für die Schwulenszene von West Hollywood, auch heterosexuelle Gäste sind willkommen. Restaurant, Bar, Lounge. *692 N Robertson Blvd./Santa Monica Blvd. | West Hollywood*

THE DRESDEN ROOM
(137 F2) (*m* H–J2)
Hier wurde 1996 die Beziehungskomödie „Swingers" gedreht. Die Martinis sind großartig. Angenehme Loungemusik, hin und wieder Showtunes live. *1760 N Vermont | zw. Hollywood Blvd./Franklin St. | Los Feliz*

MARCO POLO HIGHLIGHTS

⭐ **Bar Centro**
Nicht nur das Dekor von Philippe Starck ist ein Hingucker → S. 86

⭐ **The Conga Room**
Salsa, Samba, Swing – auf einer riesigen Tanzfläche → S. 89

⭐ **The Hotel Café**
L. A.s beste Adresse für akustische Livemusik → S. 91

⭐ **Dorothy Chandler Pavilion**
Hochkarätige Opernaufführungen → S. 92

⭐ **Hollywood Bowl**
Seit 1922 werden Sommerkonzerte gegeben → S. 93

⭐ **Twilight Dance Series**
Tanzmusik am Ende des Piers von Santa Monica → S. 90

CLUBS & DISKOS

THE EDISON (131 E4) (*R7*)
Zeitreise in Downtown: Die Bar in einem ausgedienten Kleinkraftwerk sieht aus wie aus den 20er-Jahren. Dampfkessel und Generatoren verströmen industriellen Charme. Gepflegte Cocktails, an manchen Abenden Livemusik. *Mi–Fr 17–2, Sa 19–2 Uhr | 108 W Second Street | Downtown | www.edisondowntown.com*

Tropicana Bar im Roosevelt Hotel

THE POLO LOUNGE (140 B3) (*D3*)
Klassisches Hollywood, elegante Atmosphäre, gepflegte Drinks. Seit 1912 ist das *Beverly Hills Hotel* bei Hollywoodstars beliebt. An der Hotelbar saßen schon Charlie Chaplin, Clark Gable, Marlene Dietrich und Spencer Tracy. *Tel. 1310 2 76 22 51 | 9641 Sunset Blvd. | Beverly Hills | www.beverlyhillshotel.com*

INSIDER TIPP TIKI TI (137 F2) (*J2*)
Kitsch-Alarm! Die kleine Bar mit polynesischem Dekor serviert 92 exotische Drinks. Genauso bunt wie das Dekor sind auch die Gäste. Wenn der Barkeeper einen *Uga Booga* einschenkt, ruft die Meute den Namen des Drinks im Chor. *Mi–Sa 16–2 Uhr | 4427 W Sunset Blvd. | Los Feliz*

TROPICANA BAR IM HOLLYWOOD ROOSEVELT HOTEL (132 A2) (*G7*)
Oase bei Tag, coole Lounge bei Nacht. Entspannte Sitzlandschaft am Pool und unter Palmen. *Mo–Fr 7–2, So 10–2 Uhr | 7000 Hollywood Blvd. | Hollywood*

CLUBS & DISKOS

BOOTSY BELLOWS (136 B2) (*E2*)
David Arquette ist Mitbesitzer des schrägen Danceclubs, wo die DJs von Varieté-Nummern, Burlesque-Tänzerinnen und Puppenspielern begleitet werden. *Tel. 1310 2 74 75 00 | 9229 W Sunset Blvd. | West Hollywood*

BOULEVARD 3 (133 D3) (*J7*)
Der Danceclub am Sunset Boulevard hat das Dekor eines mondänen Herrschaftshauses. Wunderbar zum Tanzen, Abhängen und *people watching*. Im Innenhof Cabanas rund um den Pool und den riesigen Kamin. *6523 Sunset Blvd. | Los Angeles | www.boulevard3.com*

DRAI'S HOLLYWOOD CLUB
(133 E2) (*G2*)
Nachtclub im 12. Stock des Hotels *W Hollywood* am Hollywood Boulevard. Im Außenbereich am Pool liegen einem die funkelnden Lichter Hollywoods zu Füßen. *Tel. 1323 9 62 11 11 | 6250 Hollywood Blvd. | Hollywood*

GOTHAM HALL (132 B6) (*📍 A2*)
Alles unter einem Dach: täglich Dinner, Billard, DJs, Tanz; vorsichtshalber reservieren! *Tel. 1310 3 94 88 65 | 1431 Third St. Promenade | zw. Broadway/Santa Monica Blvd. | Santa Monica*

GREYSTONE MANOR (136 B3) (*📍 E2*)
Exklusiver Danceclub mit Trapeztänzerinnen über dem Dancefloor, auf dem sich die schönsten Menschen der Stadt tummeln. Dekadentes Dekor, House Music. Ab 22.30 Uhr wird's schwer, am Türsteher vorbeizukommen; es bilden sich lange Schlangen. *Tel. 1310 6 52 20 12 | 643 N La Cienega Blvd. | West Hollywood*

LUCKY STRIKE LANES & LOUNGE
(132 B2) (*📍 G2*)
Burger, Bier & Bowling. Die *Lucky Strike Lanes* sind keine Kegelbahn, sondern eher ein Club, in dem man auch bowlen kann. Die Atmosphäre ist cool, aus den Lautsprechern dröhnt Rock'n'Roll. *Tgl. 11–2 Uhr | im Hollywood & Highland Center: 6801 Hollywood Blvd. | Hollywood | weitere Location im L. A. Live Center in Downtown | www.bowlluckystrike.com*

SUPPER CLUB (137 D2) (*📍 G2*)
Restaurant, Lounge und Club. Ein komplett weißer Raum: Man speist in übergroßen Betten, bevor die Party losgeht. *Tel. 1323 4 66 19 00 | 6675 Hollywood Blvd. | Hollywood | www.supperclub.com*

THE CONGA ROOM ⭐ 🔵
(130 B5) (*📍 P8*)
Legendärer *Latin-Dance*-Laden, seit dem Umzug nach Downtown noch größer und mit sexy Dekor. Hier findet man die besten Salsa- und Sambatänzer der Stadt. Die Athmosphäre ist hot: Die Kleider der *señoritas* zeigen mehr als sie ver-

GROSSE SHOW IM SPORT

Die L. A. Dodgers sind mehrfacher Meister der National Baseball League und Gewinner der World Series. Sich hoch über der Stadt ein Spiel im altmodischen Ballpark anzuschauen ist ein uramerikanisches Erlebnis, inklusive Riesen-Hot-Dogs und Popcorn. *Dodger Stadium* (138 C3) (*📍 K3*) *(Echo Park | 1000 Elysian Park Av. | Nähe Sunset Blvd. | Tel. 1323 2 24 14 48 | www.losangeles.dodgers.mlb.com).* Bei den Basketballspielen der L. A. Lakers sitzen prominente Fans wie Jack Nicholson und Leonardo DiCaprio in den Zuschauerrängen. Die Saison läuft Oktober bis April, gefolgt von den Playoffs. *Staples Center* (130 A6) (*📍 O8*) *(Tickets $11–450 | Downtown | 1111 S Figueroa Street | Tel. 1213 7 42 73 40 | www.nba.com/lakers).*
Die *L. A. Derby Dolls* gehören zu den toughesten Ladies der Stadt. Zwei Teams auf Rollschuhen flitzen in rasantem Tempo in einer ovalen Rennbahn und schubsen und rempeln dabei um die Wette. Der Sport war nach seinen Sternstunden in den 1970er-Jahren in Vergessenheit geraten. Die *L. A. Derby Dolls* haben ihn wieder zu einem Publikumsmagneten bei Szenegängern gemacht. Einlass nur für Zuschauer über 21 Jahre. Wettkämpfe an den Wochenenden, Terminplan auf der Webpage checken. *The Doll Factory* (138 B3) (*📍 K3*) *(1920 Temple Street | Los Angeles | www.derbydolls.com).*

hüllen, die *señores* tanzen bei Livemusik, als gäbe es kein Morgen. Jennifer Lopez und Will.I.am sind Mitbesitzer. *Tel. 1213 745 0162 | 800 W Olympic Blvd. | LA Live | Downtown | www.congaroom.com*

THE MAYAN (130 C6) *(ᗐ P8)*
Für Fans von lateinamerikanischen Beats und Rhythmen: Die DJs mischen House, Rock en Español, Hip-Hop, Reggeaton, Salsa und Merengue. *1038 S Hill Street | Downtown | www.clubmayan.com*

COMEDY CLUBS

Die Stand-up Comedy Clubs haben schon viele heute berühmte Stars hervorgebracht: u. a. Whoopi Goldberg, Robin Williams, Bette Midler und den beliebten Night-Show-Moderator Jay Leno.

LOW BUDGET

▶ Resttickets für aktuelle Veranstaltungen werden von *Goldstar (www. goldstar.com)* im Internet zum halben Preis verkauft. Das Angebot reicht von Eintrittskarten für Oper, Philharmonie und Theater über Sportveranstaltungen bis zu Rock- und Popkonzerten.

▶ Sommerkonzerte am Strand: Juli bis September werden auf dem Santa Monica Pier **(132 B6)** *(ᗐ B2)* unter freiem Himmel die ● ★ *Twilight Dance Series (Do 19–22 Uhr | Ocean Av. | Colorado Blvd. | www. twilightseries.org)* veranstaltet; der Eintritt ist frei. Nördlich vom Pier im Sand findet ein Massenpicknick statt – am besten frühzeitig kommen und eine Decke ausbreiten.

IMPROV (136 B3) *(ᗐ F2)*
Tel. 1323 6 512583 | 8162 Melrose Av. | West Hollywood | www.hollywood. improv.com

LAUGH FACTORY (136 C2) *(ᗐ F2)*
8001 Sunset Blvd. | 2 Blocks westl. von Fairfax Av. | West Hollywood | Tel. 1323 6 561336 | www.laughfactory.com

THE COMEDY STORE (136 B2) *(ᗐ F2)*
Mindestalter 21 J. | Tel. 1323 6 50 62 68 | 8433 Sunset Blvd. | West Hollywood | www.hollywood.thecomedystore.com

JAZZ, BLUES & ROCK

AVALON (133 E1) *(ᗐ K6)*
Legendäre Konzerthalle in einem alten Theater. Die Beatles gaben hier 1964 ihre erste Show an der US-Westküste. Livekonzerte und Do–Sa Dance Parties. *1735 N Vine Street | gegenüber vom Capitol Records Tower | Hollywood*

B. B. KING'S BLUES CLUB
(140 C2) *(ᗐ O)*
Bei B. B. spielen die besten Jazzer. Die Küche ist *southern style*: fett, scharf, lecker. *Universal City Walk | 1000 Universal Center Drive | Universal City*

CATALINA BAR & GRILL
(132 C3) *(ᗐ H7)*
Für Jazzfans: Supperclub aus der guten alten Hollywood-Zeit. Branford Marsalis, Tony Williams, McCoy Tyner und Freddy Hubbard spielen hier regelmäßig. Sets Mo–Sa 20 und 22, So 19.30 Uhr. *Tel. 1323 4 66 22 10 | 6725 W Sunset Blvd. | östl. N Highland Av. | Hollywood*

HOLLYWOOD PALLADIUM
(133 E–F3) *(ᗐ L7)*
Legendäre Konzerthalle am Sunset Boulevard. Der Art-déco-Bau wurde gerade

AM ABEND

generalüberholt. Konzerte namhafter Rock- und Popacts. *6315 Sunset Blvd./Argyle St. | Hollywood*

THE HOTEL CAFÉ ⭐ (137 D2) *(Ø G2)*
Hollywoods erste Adresse für akustische Musik. Hier treten die besten Singer-Songwriter auf. *Tel. 1323 4 61 20 40 | 1623 1/2 N Cahuenga Blvd. | Hollywood | www.hotelcafe.com*

THE VIPER ROOM (136 B2) *(Ø E2)*
Metal, Punk Rock und Alternative Rock. Der Club gehörte einst Johnny Depp. River Phoenix starb hier 1993 an einer Überdosis. *Tel. 13103581881 | 8852 W Sunset Blvd. | West Hollywood*

THE WILTERN (137 E4) *(Ø H3)*
Grünes Art-déco-Meisterstück von 1930. Einst Heimat der Los Angeles Opera,

Das House of Blues steht für gute Live Acts

THE HOUSE OF BLUES (136 B2) *(Ø E2)*
Steve Winwood, Al DiMeola, Mick Jagger sollen schon mal auf einen Sprung vorbeigekommen sein und mitgespielt haben. Livemusik oft bis 2 Uhr nachts. *8430 Sunset Blvd. | ein Block östl. La Cienega Blvd. | Hollywood | www.hob.com*

THE ROXY (136 B2) *(Ø E2)*
Wer hier spielt, wird nicht selten entdeckt und berühmt – wie Van Halen, Bruce Springsteen, Bob Marley. Wer's geschafft hat, kommt gern zurück. *9009 Sunset Blvd. | östl. Doheny Dr. | West Hollywood*

heute Rock- und Popkonzerte. *Tel. 1213 3 80 50 05 | 3790 Wilshire Blvd./Western Av. | Hollywood*

TROUBADOR (136 B3) *(Ø E2–3)*
Jim Morrison und Jimi Hendrix wurden hier entdeckt, ebenso die Byrds, die Eagles, Jackson Browne und Kris Kristofferson. Elton John hatte hier seine US-Premiere. *Tgl. 20–2 Uhr | 9081 Santa Monica Blvd./Doheny Dr. | West Hollywood*

WHISKY A GO-GO (136 B2) *(Ø E2)*
Viele Musiker von den Doors bis Guns 'n' Roses hatten hier ihre erste

Chance. Der Club ist „all ages", d. h., auch Leute unter 21 dürfen rein. *8901 Sunset/ San Vicente Blvd. | West Hollywood*

KINOS

ARCLIGHT CINEMAS (133 E3) (*K7*)
L. A.s modernstes Kino: extragroße Leinwände, toller Sound. Bei *21-and-over-screenings* (Mindestalter 21 J.) werden in den bequemen Sesseln Cocktails serviert. Karten für Fr/Sa im Voraus kaufen. *6360 W Sunset Blvd./Vine St. | Hollywood | www.arclightcinemas.com*

EL CAPITAN (132 B2) (*G7*)
Die erste Weltpremiere war 1941 „Citizen Kane". Jetzt ist das restaurierte Art-déco-Theater das Hauskino der Disney-Studios, die hier ihre Premieren zeigen, oft von Liveshows begleitet. *6838 Hollywood Blvd. | zw. N Highland/N Orange Dr. | Hollywood | www.elcapitantickets.com*

THE EGYPTIAN THEATRE
(132 C2) (*H7*)
Das Design von Hollywoods erstem Filmpalast (1922) mit Sphinx, Pharao und Hieroglyphen war vom Grab Tutanchamuns inspiriert. Heute Programmkino für Klassiker und Indie-Filme. *6712 Hollywood Blvd. | zw. N Las Palmas Ave./N McCadden Place | www.egyptiantheatre.com*

KONZERTHALLEN

DOROTHY CHANDLER PAVILION
(131 D3) (*Q–R6*)
Hier spielt die L. A. Opera, die Intendant Placido Domingo an die Weltspitze geführt hat. Seitdem kann man hier die Stars der internationalen Opernszene live erleben. Die Produktionen, bei denen häufig Hollywoods kreativste Talente mit eingespannt werden, sind beeindruckend und oft bahnbrechend. Aufführungen Sept.–Juni. *Tel. 1213 9 72 72 11 | 135 N Grand Av. | zw. W First/W Temple St. | Downtown | www.laopera.com*

WALT DISNEY CONCERT HALL
(131 D3) (*Q6*)
Hier spielt die L. A. Philharmonic unter ihrem venezolanischen Dirigenten Gustavo Dudamel. Die Akustik in dem organisch geformten, komplett mit Holz verkleide-

VERBLICHENE PRACHT

Als verblasste Schönheiten zeugen etliche alte Filmtheater von einer glamourösen cineastischen Vergangenheit – Kinofans sollten sich diese melancholischen Überreste einer großen Zeit nicht entgehen lassen: Das *Million Dollar Theatre (307 S Broadway Av./W Third St.)* wurde 1918 in spanischem Neobarockstil erbaut. Das *United Artists (933 S Broadway | zw. Olympic/W Ninth St.)* von 1927, eine Phantasiemischung aus Kathedrale und spanischer Gotik, wurde von den Stummfilmstars Mary Pickford, Douglas Fairbanks und Charlie Chaplin gemeinsam finanziert. Eins der schönsten Theater der Stadt ist das barocke *Los Angeles Theatre (615 S Broadway/W Sixth St.)* von S. Charles Lee. Hier wurde Chaplins „Lichter der Großstadt" uraufgeführt. Im *Orpheum (842 S Broadway)* steht die große Wurlitzerorgel für die Stummfilmbegleitung, auf der noch gespielt wird *(alle zw. Third St. und Olympic Blvd.)*.

AM ABEND

Stimmungsvoller Rahmen für Konzerte von Klassik bis Pop: Hollywood Bowl

ten Auditorium ist fabulös. Saison Okt.–Mai. *Tel. 1323 8 52 20 00 | 111 S Grand Av. | Downtown | www.laphil.com*

OFF-THEATER

In den ca. 200 Off-Broadway-Theatern finden u. a. experimentelle Aufführungen statt. Der Überfluss an Schauspiel- und Regietalenten garantiert höchste Qualität auch auf kleinen Bühnen. Spielpläne: *www.theatermania.com*

OPEN AIR

GREEK THEATRE (137 F1) (*M H1*)
Mai bis Oktober spielen hier die heißesten Gruppen, bevor sie auf Tournee gehen. Hier trifft man sich zum Picknick; Essen und Getränke können Sie mitbringen oder vor Ort kaufen. *2700 N Vermont Av. | nördl. vom Los Feliz Blvd. | Los Angeles | www.greektheatrela.com*

HOLLYWOOD BOWL ⭐ ☀
(137 D1) (*M G1*)
Auf einer Wanderung durch den Cahuenga-Pass war H. Ellis Reed vom klaren Klang seiner Worte so überwältigt, dass er hier ein Amphitheater bauen ließ. Die Eröffnung fand 1922 statt. Klassik (Sommersitz des L. A. Philharmonic Orchestra), Oper, Jazz, Mariachi, Pop locken bis zu 30 000 Zuschauer an. Viele bringen Picknickkörbe mit. Öffentliche Proben unter der Woche vormittags (Eintritt frei), Termine: *Tel. 132 38 50 20 00. 2301 Highland Av./Cahuenga Blvd. | Hollywood | www.hollywoodbowl.com*

THEATER

AHMANSON THEATRE
(131 D2) (*M R6*)
Stücke und Musicals, die auch am Broadway in New York gespielt werden. *Music Center | 135 N Grand Av./Temple St. | Downtown | www.taperahmanson.com*

MARK TAPER FORUM
(131 D2–3) (*M R6*)
Alteingesessenes Theater mit Prestige. Viele Stars aus Film und Fernsehen spielen hier. *Music Center | 135 N Grand Av./Temple St. | Downtown | www.taperahmanson.com*

ÜBERNACHTEN

Die *location* ist das Wichtigste – je nach Standort kann man in L. A. die unterschiedlichste Art von Urlaub erleben. Jedes Stadtviertel hat sein eigenes Flair und Angebot. Wer am Strand relaxen will, quartiert sich in Santa Monica und Umgebung ein.

Restaurants sind zu Fuß erreichbar, die Third Street Promenade und der Vergnügungspier laden bis spät in die Nacht zum Flanieren ein. Wer das Nachtleben von L. A. auskosten will, steigt in West Hollywood ab. Spielt Geld keine Rolle, dann bietet Beverly Hills eine große Auswahl an Luxushotels. Für begrenzte Urlaubsbudgets bieten sich Hollywood und Downtown an.

Hollywood hat weniger Hotels als man erwarten würde, und die meisten Unterkünfte sind einfach, aber wegen der zentralen Lage zwischen Downtown und Beverly Hills recht praktisch gelegen. In den vergangenen Jahren sind Design- und Boutiquehotels über die Stadt verteilt errichtet worden, vor allem in Beverly Hills und West Hollywood. In den Suiten entlang des Sunset Boulevard wird nicht nur übernachtet, hier steigen auch V. I.P.-Parties, Jamsessions, Fotoshootings und Starinterviews. Im *Chateau Marmont* hat man Autoren und Schauspieler als Zimmernachbarn, im *Sunset Marquis* Rockstars; die Modeszene bevorzugt das *Mondrian*. Klassische Old-World-Eleganz findet man hingegen im *Four Seasons,* im *Peninsula* oder *Shutters on the Beach*. Wenn Komfort nicht so wichtig ist, und man nur ein Bett zum Schlafen will, hat

Bild: Hotel Casa del Mar, Santa Monica

Wer sich's leisten kann, logiert in den Lieblingshotels der Stars, aber auch für kleinere Budgets gibt's originelle Unterkünfte

L. A. auch einfache Unterkünfte unter $100 im Angebot. Dabei sollte man allerdings keine zu großen Kompromisse in Sachen Standort machen. Weit ab von den Touristenvierteln findet man oft die besten Deals, aber das kann heißen, dass man mehr Zeit im Stau verbringt und abends in einem schnöden Hotelzimmer ohne Ausgehmöglichkeiten in der Nachbarschaft festsitzt.

Fragen Sie bei der Reservierung unbedingt nach *special offers* (Sonderangeboten) und *low season* (Nebensaison-) Preisen. Checken Sie auf jeden Fall auch immer die Webpages der Hotels, dort findet man häufig *internet only rates*. Unter der Woche oder bei mehrtägigem Aufenthalt gibt es häufig günstige Angebote. Die Übernachtungspreise sind Nettopreise, es kommen noch Steuern von 10–14 Prozent dazu. Check-in ist meist ab 14, Check-out bis 11 Uhr. Wer ein paar Stunden länger bleiben will, kann an der Rezeption um ein *late check-out* bitten, was die meisten Hotels entweder kostenlos oder gegen eine kleine Gebühr

HOTELS €€€

Exklusiver Blick vom Pooldeck: Hotel Mondrian

gewähren. Für die *maid* (das Zimmermädchen) lässt man am Ende des Besuchs $1–5 pro Nacht im Zimmer liegen, *bell boys* (Gepäckträger) bekommen $1 pro Koffer.

HOTELS €€€

CASA DEL MAR (132 C6) (*B2*)
Italienische Renaissance am Strand; in den 1920er-Jahren Beach Club für Hollywoods Elite. Jetzt trifft man sich hier wieder. Unübertroffene Aussicht. 129 Zi. (ab $ 395, Penthouse ab $ 3000). *1910 Ocean Way | Santa Monica | Tel. 1800 8 98 69 99 | Tel. 1310 5 81 55 33 | www.hotelcasadelmar.com*

CHAMBERLAIN WEST HOLLYWOOD
(136 B2) (*E2*)
Moderne Oase in ruhiger, von Bäumen gesäumter Seitenstraße des Sunset Boulevards. Alle Suiten haben einen Kamin und einen eigenen Balkon. Beheizter Pool auf dem Dach mit Blick auf die Stadt. *113 Suiten | 1000 Westmount Drive | West Hollywood | Tel. 1310 6 57 74 00 | www.chamberlainwesthollywood.com*

CHANNEL ROAD INN (140 B3) (*0*)
Luxuriöses B & B, einen Block vom Strand in Santa Monica. Uramerikanisch mit Antiquitäten, Daunenbetten. Frühstück, Nachmittagstee, Wein und Häppchen sowie Fahrräder inklusive. Veranda, Meerblick, Kamin. *14 Zi. und Suiten | 219 W Channel Road | Tel. 1310 4 59 19 20 | www.channelroadinn.com*

CHATEAU MARMONT ★
(136 C2) (*F2*)
Wenn diese Wände sprechen könnten … In dem einem französischen Loire-Schloss nachempfundenen Prachtbau nächtigten schon Greta Garbo und Billy Wilder; bis heute ist das Hotel ein beliebter Tummelplatz der Stars und Sternchen. *63 Zi., Suiten und Bungalows | 8221 / Sunset Blvd. | Laurel Canyon Blvd. | Hollywood | Tel. 1323 6 56 10 10 | Reservierung in Dtschl.: Tel. 0130 85 42 78 | www.chateaumarmont.com*

ÜBERNACHTEN

THE GEORGIAN HOTEL ★ ☙
(132 B6) (𝄞 A2)
Der türkisblaue Art-déco-Bau hat Klasse und wurde wunderschön restauriert. Von der Terrasse blickt man beim Frühstück aufs Meer. Sämtliche Attraktionen von Santa Monica – Strand, Shopping, Restaurants und Bars – sind bequem zu Fuß erreichbar. *84 Zi. und Suiten | 1415 Ocean Av. | zw. Santa Monica Blvd./Broadway | Tel. 1800 5 38 81 47, 1310 3 95 99 45 | www.georgianhotel.com*

HOLLYWOOD ROOSEVELT HOTEL
(132 A2) (𝄞 G7)
Klassische Eleganz mit modernem Touch. Durch den Prachtbau von 1927 spukt der Geist von Marilyn Monroe, die hier zwei Jahre lang wohnte. In dem Hotel gegenüber vom *Chinese Theatre* wurden früher die Oscars vergeben. Die *Tropicana Bar* am Pool, den ein Unterwasserbild von David Hockney ziert, ist tagsüber eine Oase der Ruhe. *302 Zi./Sui. | 7000 Hollywood Blvd. | Tel. 1323 4 66 70 00 | www.hollywoodroosevelt.com*

HUNTLEY HOTEL ★ (132 A6) (𝄞 A2)
Ultra-hip, trotzdem einladend und *laid back,* nur einen Block vom Strand entfernt. Das ☙ *Penthouse* im 18. Stock (Restaurant, Bar und Lounge) hat eine tolle Aussicht. *189 Zi., 20 Suiten | 1111 Second Street | Santa Monica | Tel. 1310 3 94 54 54 | www.thehuntleyhotel.com*

MALIBU BEACH INN ★ ☙ (0) (𝄞 0)
Wellenrauschen wiegt Sie in den Schlaf. Spanish Style am Strand von Malibu. Balkon, Kamin. *47 Zi. und Suiten | 22 878 Pacific Coast Highway/Sweetwater Canyon Rd. | Tel. 1800 4MALIBU, 1310 4 56 64 44 | www.malibubeachinn.com*

MONDRIAN (136 B2) (𝄞 E–F2)
Einst Trendherberge, inzwischen ein Klassiker – von Hotelier Ian Schrager und Designer Philippe Starck gestylt. Wer im Pool taucht, hört klassische Musik. *245 Zi. | 8440 Sunset Blvd. | zw. N La Cienega/Crescent Hight Blvd. | Tel. 1800 5 25 80 29, 1323 6 50 89 99 | www.mondrianhotel.com*

★ **Hotel Avalon**
Für Liebhaber von Mid-Century-Design → S. 99

★ **Chateau Marmont**
Nordfranzösisches Schlossleben einen Steinwurf vom Sunset Strip → S. 96

★ **The Georgian Hotel**
Art déco in Santa Monica – Miami Beach lässt grüßen → S. 97

★ **Huntley Hotel**
Hochhaus mit Außenaufzug: ultra-hippes, lässiges Beachhotel in Santa Monica → S. 97

★ **Malibu Beach Inn**
Wellenrauschen, Kaminfeuer und Romantik pur → S. 97

★ **Montage Beverly Hills**
Klassisch, elegant, opulent, aber nach ökologischen Prinzipien gebaut → S. 98

★ **Hotel Bel Air**
Romantische Parkanlage: luxuriöse Oase der Ruhe in einem der exklusivsten Stadtteile → S. 98

★ **Su Casa Oceanfront Suites**
Wohnen wie ein Einheimischer direkt am Strand → S. 102

MARCO POLO HIGHLIGHTS

HOTELS €€€

MONTAGE BEVERLY HILLS ★
(136 A4) (*□ E3*)
Einen Katzensprung vom Rodeo Drive entfernt: klassische Eleganz, großer Spa, Pool auf dem Dach, weitläufige Gärten, zwei Restaurants. Opulent, trotzdem umweltfreundlich: Der 🌿 Neubau erhielt einen Preis für vorbildliche ökologische Bauweise. *146 Zi., 55 Suiten | 225 N Canon Drive | Beverly Hills | Tel. 1310 8 60 78 00 | www.montagebeverlyhills. com*

PENINSULA BEVERLY HILLS
(135 E1) (*□ D3*)
Französische Renaissance, erlesene Antiquitäten, Marmorböden und ein Pool mit Blick auf die Hollywood Hills. Zum Einkaufen steht den Gästen ein Rolls Royce mit Chauffeur zur Verfügung. *152 Zi., 28 Suiten, 16 zweistöckige Villen | 9882 Little Santa Monica Blvd. | zw. Lasky Dr./Charleville Blvd. | Beverly Hills | Tel. 1800 4 62 78 99, 1310 5 5128 88 | www.peninsula.com*

LUXUSHOTELS

Hotel Bel Air ★ (134 C1) (*□ B3*)
Eines der schönsten und romantischsten Hotels in Los Angeles. Die fast fünf Hektar große Gartenanlage, in der die Gebäude des Hotels verteilt liegen, ist eine Oase der Ruhe. 91 Zi. und Suiten (ab $ 460). *701 Stone Canyon Road | Bel Air | Tel. 1310 4 72 12 11 | www.hotelbelair. com*

Beverly Hills Hotel (140 B–C3) (*□ D3*)
Schon Gloria Swanson, Clark Gable und Marilyn Monroe liebten die Bungalows des *Pink Palace,* der umgeben von tropischen Gärten über dem Sunset Boulevard thront. Butler auf Wunsch. Die *Polo Lounge* ist Treffpunkt der Powerpeople von Hollywood. 203 Zi., Suiten und Bung. (DZ $ 530–760, Suiten und Bung. ab $ 1150). *9641 Sunset Blvd. | zw. N Crescent Dr./Hartford Way | Beverly Hills | Tel. 1800 2 83 88 85, 1310 2 76 22 51 | www.beverlyhillshotel.com*

SLS Hotel (136 B3–4) (*□ E3*)
Designer Philippe Starck hat sich hier ausgetobt und einen echten Hingucker geschaffen. Der surreale Mix aus Eleganz und Avantgarde funktioniert. Portraits von Affen finden sich nicht nur durch das ganze Hotel verteilt, sondern auch am Pool mit Bar und Cabanas auf dem Dach. 297 Zi. und Suiten ($ 439 bis 5000 für die Presidential Suite). *465 S La Cienega Blvd. | Beverly Hills | Tel. 1310 2 47 04 00 | www.slshotels.com*

Sunset Marquis Hotel & Villas (136 B2) (*□ E2*)
Legendäres Rockstar-Hotel, in dem Privatsphäre betont wird. Exquisite Villen, versteckt in einem tropischen Garten am Sunset Boulevard. Moderne Kunst, begehbare Kleiderschränke, Sonnenterrassen, Butler und Chauffeur inklusive. Die *Presidential Suite* hat sogar einen *screening room* für Kinovorführungen. Im unterirdischen Aufnahmestudio arbeiten Popstars wie Seal und Madonna. In der *Bar 1200* (früher *Whiskeybar*) hat man nicht selten einen Rockstar zur Linken und eine berühmte Schauspielerin zur Rechten. 58 Villas ($ 1000–7000), 102 Suiten ($ 285–815). *1200 N Alta Loma Road | West Hollywood | Tel. 1310 6 57 13 33 | www.sunsetmarquis.com*

ÜBERNACHTEN

VICEROY HOTEL (132 C6) (*m B2*)
Boutiquehotel, nur einen Katzensprung vom Strand und Downtown Santa Monica entfernt. Cabanas am Pool; ⚜ Zimmer in den oberen Etagen haben Meerblick. *168 Zi. | 1819 Ocean Av./Pico Blvd. | Santa Monica | Tel. 1 310 2 60 75 00 | www.viceroysantamonica.com*

W HOLLYWOOD (133 E2) (*m K7*)
Schon am Eingang wird man auf roten Teppichen empfangen, schließlich ist man in Hollywood. Das 2010 eröffnete Designhotel bietet eleganten, modernen Komfort, ein erstklassiges Restaurant und beherbergt den *Drai's Hollywood Club*. *305 Zi. und Suiten | 6250 Hollywood Blvd. | Hollywood | Tel. 1 323 7 98 13 00 | www.whotels.com/hollywood*

HOTELS €€

HOTEL ANGELENO (134 C1) (*m B3*)
Rundbau aus den 1960er-Jahren unterhalb des Getty Centers und direkt über dem Freeway I-405. Das frühere *Holiday Inn*, in dem die Zimmer den Grundriss von Tortenstücken haben, ist nach umfangreicher Renovierung ein Designhotel. Pool mit Kamin und Cabanas. *209 Zi. | 170 N Church Lane/Sunset Blvd. | Brentwood | Tel. 1 310 4 76 64 11 | www.hotelangeleno.com*

HOTEL AVALON ★ (136 A4) (*m E3*)
Hippes Retro-Luxushotel. Tropisches *Mid-Century*-Dekor mit Bambusakzenten und Designklassikern wie Noguchi-Tischen, Nelson-Lampen und Eames-Stühlen. *88 Zi. | 9400 W Olympic Blvd. | ein Block östl. von Beverly Dr. | Beverly Hills | Tel. 1 310 2 77 52 21 | www.avalonbeverlyhills.com*

BEVERLY TERRACE (136 A–B3) (*m E3*)
Schickes Wohlfühlhotel. Jedes der 39 Zimmer ist anders eingerichtet, einige in coolem Retrodekor mit Palmen, andere asiatisch angehaucht mit Schmetterlingen und chinesischen Glücks-

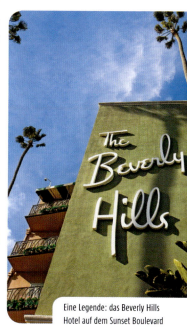

Eine Legende: das Beverly Hills Hotel auf dem Sunset Boulevard

bambusstengeln. Schöne tropische Poollandschaft. *459 N Doheny Drive | Beverly Hills | Tel. 1 310 2 74 81 41 | www.hotelbeverlyterrace.com*

THE HOTEL CALIFORNIA
(132 B6) (*m B2*)
Das einzige halbwegs preiswerte Hotel auf Santa Monicas Luxusmeile. Buntes Surf-Dekor in unmittelbarer Nähe zu Strand und Pier. Buchen Sie INSIDER TIPP ein Zimmer in der oberen Etage zum Meer hin – dort ist der Lärm durch andere Gäste und von der Straße minimal. *20 Zi. | 1670 Ocean Av. | südl. von Colorado Av. | Tel. 1 866 5 71 00 00 | Tel. 1 310 3 93 23 63 | www.hotelca.com*

HOTELS €€

HOTEL CARMEL (132 B6) *(Ø A–B2)*
Schlichte Räume, z. T. mit Meerblick. Frühstück im *Interactive Café* Third Street Promenade um die Ecke. *96 Zi., 8 Suiten | 201 Broadway/Second Street | Santa Monica | Tel. 1800 4 45 86 95, Tel. 1310 4 51 24 69 | www.hotelcarmel.com*

CASA MALIBU INN ON THE BEACH ☆
(0) *(Ø 0)*
Motel mit schönem Palmengarten und INSIDER TIPP▸ Privatstrand. Einige Zimmer haben Balkone überm Strand. *21 Zi. und Suiten | 22752 Pacific Coast Highway | südl. vom Malibu Pier | Tel. 1800 8 31 08 58, 1310 4 56 22 19*

ELAN HOTEL MODERN
(136 B3) *(Ø E3)*
Preiswerte Eleganz in West Hollywood. Das Boutiquehotel wurde 2008 renoviert. *50 Zi. | 8435 Beverly Blvd. | West Hollywood | Tel. 1323 6 85 66 63 | www.elanhotel.com*

INN AT VENICE BEACH
(134 C6) *(Ø B7)*
Nur einen Block vom Strand entfernt, am ruhigeren, südlichen Ende von Venice Beach. Ideal für einen relaxten Strandurlaub, und um sich bei Spaziergängen durch die Venice Canals und den Yachthafen in Marina Del Rey unter die *locals* zu mischen. Frühstück inklusive. *40 Zi. | 327 Washington Blvd. | Venice | Tel. 1310 8 21 25 57 | www.innatvenicebeach.com*

MAGIC CASTLE HOTEL (137 D2) *(Ø G2)*
Zentral gelegen in Hollywood, nur einen Block vom Chinese Theatre und 5 Min. von Universal City. Hotelgäste haben Zugang zum Zauberclub *Magic Castle* mit Dinner und Zaubershows in einer viktorianischen Villa über dem Hollywood Boulevard. *40 Zi. und Suiten | 7025 Franklin Av. | zw. La Brea/Highland Av. | Tel. 1323 8 51 08 00 | www.magiccastlehotel.com*

MAISON 140 (136 A4) *(Ø D3)*
Sexy Stilmix aus fernöstlichen und modernen Elementen, mit Anleihen an die Pariser Salons des frühen 20. Jhs. Schick durchdesignt, mit Schwarz und Rot, Pflanzenmustern und Relieffliesen. Jedes Zimmer ist individuell eingerichtet. *43 Zi. | 140 Lasky Drive | Beverly Hills | Tel. 1310 2 81 40 00 | www.maison140beverlyhills.com*

LOW BUDGET

▶ Ein Preisvergleich bei Hotel-Discountanbietern lohnt. Die größte Auswahl haben *www.hotwire.com, www.expedia.com, www.travelocity.com.* Bei *www.priceline.com* kann man Hotelzimmer ersteigern. Der Kunde legt den Preis fest, das Hotel akzeptiert oder nicht.

▶ Das *Orange Drive Hostel* **(132 A1)** *(Ø G7)* (25 Zi. | Bett ab $ 32, Zi. ab $ 72 | 1764 N Orange Dr./Hollywood Blvd. | Hollywood | Tel. 1323 8 50 03 50 | www.orangedrivehostel.com) ist ein Landhaus, das zur Jugendherberge umfunktioniert wurde. Große Räume, Gemeinschaftsküche, kostenloses WLAN.

▶ In Flughafennähe und Randlagen von Hollywood kann man in Billigmotels wie *Travellodge, Motel 6* oder *Comfort Inn* Zimmer für unter $ 100 finden. Einen Überblick geben kostenlose Broschüren wie „Hotel Savings Directory" in Touristbüros, an Tankstellen, in Liquor Stores. Im Heft gibt's Coupons für Preisnachlässe.

100 www.marcopolo.de/losangeles

ÜBERNACHTEN

MILLENNIUM BILTMORE HOTEL
(130 C4) (*Q7*)
Beaux-Arts-Bau von 1923 von Shultze und Weaver, die auch das *Waldorf Astoria* in New York entworfen haben. Die Lobby wirkt wie ein spanischer Pa-

Tel. 1310 4 75 87 11 | www.hotelpalomarlawestwodd.com

PETIT ERMITAGE (136 B3) (*E2*)
Charmantes Hotel im französischen Landhausstil am Fuß der Berge von West Hol-

Außen schmucklose 20er-Jahre-Blöcke, innen prunkvoll: das Millennium Biltmore Hotel

last, der Pool wie ein römisches Bad. Im prachtvollen *Rendezvous Court* wird Nachmittagstee serviert. In den 1930er-Jahren Ort der Oscar-Verleihung. Hier wurden „The Fabulous Baker Boys" und „Independence Day" gedreht. *627 Zi., 56 Suiten | 506 S Grand Av./W Fifth St. | Downtown | Tel. 1213 6 24 10 11 | www.millenniumbiltmorehotels.com*

HOTEL PALOMAR ● (135 D2) (*C3*)
Gedeckte Farben und wohnliches Ambiente bestimmen die Inneneinrichtung, der Außenbereich ist hell und farbenfroh. An den Designerliegen am Pool wärmt ein moderner, offener Kamin die Badegäste auch nachts. *242 Zi., 26 Suiten | 10 740 Wilshire Blvd. | Westwood |*

lywood. Suiten mit Kamin, Balkon, Küche und großem Badezimmer. Salzwasserpool mit toller Aussicht auf dem Dach. *79 Zi. | 8822 Cynthia Street/Larrabee St. | West Hollywood | Tel. 1310 8 54 11 14 | www.petitermitage.com*

RAMADA PLAZA HOTEL SUITES
(136 B2) (*E2*)
Einer der besten Deals in West Hollywood: modernes Hotel auf der Ausgehmeile der Gay Community. Restaurants, Bars und Clubs in unmittelbarer Nachbarschaft. Beheizter Pool, Fitnessraum und Businesscenter. *176 Zi., 45 Suiten | 8585 Santa Monica Blvd. | West Hollywood | Tel. 1310 6 52 64 00 | www.ramada.com*

101

HOTELS €

THE SECRET GARDEN B&B
(136 C2) (*F2*)
Pinkfarbene, mit Antiquitäten ausgestattete Villa von 1923 in den Hollywood Hills, unweit vom Sunset Strip. Das Gourmetfrühstück ist im Preis inbegriffen. *5 Zi. | 8039 Selma Av./Laurel Canyon | Tel. 1323 6 56 38 88 | www.secretgardenbnb.com*

THE STANDARD DOWNTOWN L. A.
(130 C4) (*P–Q7*)
Originelles Designhotel im trendy Retrolook. Die Bar auf der Dachterrasse, umgeben von Wolkenkratzern, ist einer der coolsten Hang-outs in Downtown. *207 Zi. | 550 S Flower Street | Los Angeles | Tel. 1213 8 92 80 80 | www.standardhotels.com*

SU CASA OCEANFRONT SUITES ★
(133 E6) (*D2*)
Moderne Apartments am Venice Boardwalk, von Sonne durchflutet und mit frischer Meeresbrise. Alle Suiten haben Küchenzeilen, z. T. Balkon. Gourmet-Bio-Frühstück (inbegriffen) wird ins Zimmer gebracht. *12 Suiten | 431 Ocean Front Walk/Paloma Av. | Tel. 1310 4 52 97 00 | www.sucasavenicebeach.com*

HOTELS €

BANANA BUNGALOW HOLLYWOOD
(137 E2) (*G–H2*)
Hotel und *Hostel*. Schlafsäle mit je 4–6 Betten (ab $ 25), Gemeinschaftsküche, Internet, Bustransfer. *18 private Zi. (ab $ 75), 22 Dorms in Bungalows | 5920 Hollywood Blvd. | Hollywood | Tel. 1323 4 69 25 00 | www.bananabungalow.com*

BEVERLY LAUREL MOTOR HOTEL
(136 C3) (*F3*)
Seit über 40 Jahren Familienbetrieb; saubere, geräumige Zimmer, Pool. Der *Swingers Coffee Shop* ist beliebt bei Schauspielern, Models und Musikern. *52 Zi. | 8018 Beverly Blvd./Laurel Blvd. | West Hollywood | Tel. 1323 6 51 24 41*

Coole 60er-Jahre-Optik: The Standard Downtown

ÜBERNACHTEN

HACIENDA HOTEL (140 C4) (𝓜 0)
Günstiges Komforthotel im Stil einer mexikanischen Hacienda in Flughafennähe. Pool, Restaurant, Tanzclub, Spa. *630 Zi. | 525 N Sepulveda Blvd. | El Segundo | Tel. 1310 6 15 00 15 | www.haciendahotel. com*

HIGHLAND GARDENS HOTEL
(132 A1) (𝓜 G6)
Ehemals *Hollywood Landmark Hotel*, Absteige von Rocklegenden wie Janis Joplin. Große Räume, Pool, tropischer Garten. Walk of Fame um die Ecke. Nichtraucherhotel. *70 Zi., 48 Suiten | 7047 Franklin Av./Sycamore Av. | Hollywood | Tel. 1800 4 04 54 72, 1323 8 50 05 36 | www.highlandgardenshotel. com*

HOLLOWAY MOTEL (136 B2) (𝓜 E2)
Günstige Alternative in West Hollywood. Zentrale Lage, einfache Zimmer und zwei Studios mit Küchenzeile. *20 Zi. | ab $ 70 | 2 Studios | 8465 Santa Monica Blvd. | West Hollywood | Tel. 1323 6 54 24 54 | www.hollowaymotel.com*

HOLLYWOOD ORCHID SUITES
(132 B1) (𝓜 G6)
Schmuckloser Bau, preiswerte Suiten. Zentrale Lage neben dem Hollywood & Highland Center, alle Sehenswürdigkeiten entlang des Hollywood Boulevard zu Fuß erreichbar. *40 Suiten | 1753 Orchid Av./Franklin Av. | Hollywood | Tel. 1323 8 74 96 78 | www.orchidsuites.com*

HOSTELLING INTERNATIONAL
(132 B6) (𝓜 A2)
Für Budget-Reisende; Third Street Promenade und Meer zu Fuß erreichbar. Schlafsäle mit 10 Betten. 260 Betten ab $ 38, 5 DZ. *1436 Second Street | zw. Broadway/ Santa Monica Blvd. | Tel. 1800 9 09 47 76, 1310 3 93 99 13 | www.hiusa.org*

SEA SHORE MOTEL (133 D6) (𝓜 C2)
Einfache Zimmer, zentral gelegen an der Main Street, zwei Blöcke vom Strand. *19 Zi. mit Kitchenettes und 5 Suiten | 2637 Main Street | Santa Monica | Tel. 1310 3 92 27 87 | www. seashoremotel.com*

VIBE MOTEL (137 E2) (𝓜 G–H2)
Gute Alternative zur Jugendherberge: Das kunterbunte Motel spricht junges Publikum an. Zimmer für bis zu 4 Pers., Grillabende, Karaoke, Billard, Pokerturniere. Hollywoods Attraktionen sind zu Fuß erreichbar. *25 Zi. | ab $ 75 | 5922 Hollywood Blvd. | Hollywood | Tel. 1323 4 69 86 00 | www.vibehotel.com*

WINGATE BY WYNDHAM LOS ANGELES INTERNATIONAL AIRPORT
(140 C4) (𝓜 F8)
Einfache, saubere Unterkunft in Flughafennähe, am Freeway 405, wenn man wirklich nur ein Bett zum Schlafen braucht. *148 Zi. | z. T. unter $ 100 | 10 300 La Cienega Blvd. | Inglewood | Tel. 1800 3 37 00 70 | www. wingatehotels.com*

PRIVATUNTERKÜNFTE

Die Seite *www.airbnb.com* vermittelt Privatunterkünfte: vom Strandhaus in Venice Beach bis zum Apartment am Sunset Boulevard. Ungewöhnlich: die Kajüte eines Segelboots im Yachthafen von Marina Del Rey *($ 25/Nacht)*.

INSIDER TIPP LODGING 323
(138 B2) (𝓜 J–K2)
Privatunterkünfte im trendigen Stadtteil Silverlake. Sieben moderne Apartments und Häuser. Ab $125 für eine Zweizimmer-Wohnung, Mindestaufenthalt 3 Nächte. *Silverlake | Tel. 1323 6 61 54 40 | www.houseinsilverlake.com*

103

STADTSPAZIERGÄNGE

Die Touren sind im Cityatlas, in der Faltkarte und auf dem hinteren Umschlag grün markiert

1 KUNSTSPAZIERGANG DURCH DOWNTOWN L. A.

Skulpturen und Wandmalereien von Frank Stella, Robert Rauschenberg, Robert Graham und vielen anderen finden Sie draußen und in den Lobbys der Häuser auf dem historischen Bunker Hill District mit seinen Wolkenkratzern, Parks, Springbrunnen und Kunstoasen. Dieses reine Businessviertel ist aber nur tagsüber belebt, besonders um die Mittagszeit. Dauer des Spaziergangs: mindestens 1 ½ Stunden. Nach einem kleinen Bummel über den **Grand Central Market** → S. 33, Ausgang Hill Street, kommen sie entweder über die Treppen oder per kurzer Fahrt mit der historischen Miniseilbahn **Angels Flight** *(351 S Hill Street)* zum Watercourt mit seinen Geschäften und Restaurants auf den **Bunker Hill**. Hier oben, umgeben von Skyscrapern, haben Sie einen herrlichen Blick auf Downtown, können über großzügige Plätze spazieren – mit öffentlichen Kunstwerken, die wie Riesenspielzeuge überall verstreut stehen und liegen. Auch die Eingangshallen der Wolkenkratzer offenbaren häufig ein luxuriöses Innenleben mit viel Kunst und architektonischen Spielereien. Sie stehen tagsüber für jedermann offen.

Das rote Gebäude (mit Glaspyramiden) auf der linken Seite ist das **Museum of Contemporary Art** → S. 34 *(250 S. Grand Av.)* des Architekten Arata Isozaki. Wenn die Zeit für den Museumsbesuch nicht reicht, werfen Sie auf alle Fäl-

104   Bild: Grand Central Market

Downtown bietet jede Menge Abwechslung, Beverly Hills gediegenen Luxus, das Hollywood Sign einen guten Überblick

le einen Blick in den Museumsshop mit seinen ausgefallenen Artikeln. In nördlicher Richtung entlang der Grand Avenue, auf der gegenüberliegenden Straßenseite, erreichen sie die **Walt Disney Concert Hall** → S. 35. Es lohnt sich, einmal um das Gebäude herumzugehen und die spektakuläre Architektur von Frank O. Gehry, die den Himmel reflektiert und wunderschön mit dem Licht spielt, von allen Seiten zu betrachten. Auch von Innen ist das Gebäude spektakulär. Weiter in Richtung Norden, an der Ecke von 1st Street, sehen Sie den weißen **Dorothy Chandler Pavilion** → S. 92, das Opernhaus von Los Angeles. Zurück – vorbei am *MOCA* und auf der Ostseite der Straße – steigen sie die Treppen zu ihrer Linken hinunter, die zum INSIDERTIPP **Watercourt** führen, einer kühlenden Oase aus Granit und Stahl mit vielen Springbrunnen. Die meisten sind computergesteuert und „brechen" zu unterschiedlichsten Zeiten aus: mit kleinen Fontänen oder mächtigen Wasserstrahlen. Am Grand Avenue Sidewalk entlang geht es hinüber zum **Wells Fargo Center**, das – wenn Sie den richtigen Blickwinkel haben – wie eine spitz zulaufende, flache Wand in den Himmel zu ragen scheint. Links davor steht eine schwarze, beeindruckende Skulptur aus bemaltem Aluminium und Stahl, *Night Sail* (1983–86) von Louise Nevelson. Besuchen Sie das **Wells Fargo History Museum** *(333 S Grand Av.)* mit der Skulptur *Le Dandy* (1973–1982) von Jean Dubuffet, überqueren Sie anschließend die Plaza und gehen die Western Steps hinunter. Auf der anderen Seite der Hope Street stehen Sie vor der Alexander-Calder-Skulptur *Four Arches* von 1974. In einer kleinen Grünanlage mit Bänken und einem kunstfertig angelegten Bächlein mit Wasserfall können Sie sich ausruhen und durch eine riesige Fensterfront die fitnessbegeisterten Angelenos beobachten, die sich im **Ketchum YMCA** auf Tretmühlen, Fahrrädern, Steps etc. schweißtreibend in Form halten.

Auf der rechten Seite führt ein Fußgängerweg über die Flower Street zu den fünf Glastürmen des **Westin Bonaventure Hotel** → S. 35. Erlauben Sie sich eine Fahrt mit einem der *Red Elevators*, und holen Sie sich in der gläsernen Fahrstuhlkabine einen kostenlosen Adrenalinkick. Zurück auf der Hope Street, kommen Sie zu den **Bunker Hill Steps**, der Spanischen Treppe von Los Angeles. Unten angekommen, stehen Sie direkt am Fuße des **Library Tower** mit seiner zierlichen Krone, der in Downtown von fast überall aus in ganzer Größe zu sehen ist. Auf der anderen Seite der Fifth Street liegt die **Los Angeles Central Public Library** → S. 34 mit dem pyramidenartigen Turm, der das „Light of Learning", das Licht des Lernens, darstellen soll. Zurück auf Grand Avenue, kommen Sie an **One Bunker Hill**, einem Gebäude aus Sandstein und Terrakotta, vorbei, das 1931 für die Edison Company (Elektrizitätswerk) gebaut wurde. Die Lobby glänzt in 17 verschiedenen Marmorarten und hat über 12 m hohe Wände. Überqueren Sie die Grand Avenue, und gehen Sie ins **Millennium Biltmore Hotel** → S. 101. Durch den drei Stockwerke hohen, imposan-

Die Seilbahn „Angels Flight" bringt Sie vom Grand Central Market zum Watercourt

STADTSPAZIERGÄNGE

ten **Rendezvous Court** verlassen Sie das Hotel und kommen auf den **Pershing Square**, benannt nach General John Pershing (Erster Weltkrieg). Der älteste Park in Downtown hat ein Amphitheater und viele moderne Skulpturen. Blickfang ist ein zehnstöckiger, lilafarbener Glockenturm mit einer pinkfarbenen Terrakottakugel *(zwischen Fifth/Sixth und Olive/Hill Street)*. Im Sommer finden hier zur Lunchzeit kostenlose Konzerte statt. In der Vorweihnachtszeit wird eine Schlittschuhbahn aufgestellt. Zum Abschluss können Sie sich im **International Jewelry Center** *(550 S. Hill St.)* in einer basarähnlichen Atmosphäre von Gold und Geschmeide blenden lassen. Von hier sind es zweieinhalb Blocks geradeaus die Hill Street hoch in Richtung Third Street, bis Sie wieder beim **Angels Flight** angekommen sind.

AUF DEN SPUREN DER SCHÖNEN & REICHEN DURCH BEVERLY HILLS

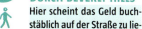

Hier scheint das Geld buchstäblich auf der Straße zu liegen. Jaguar, Rolls Royce, Mercedes und BMW kreuzen langsam durch die Straßen, teure Edelboutiquen der großen Designer und Juweliere wie Bijan, Hermès, Gucci, Chanel, Valentino, Tiffany's, Bulgari, Cartier, Dior, Ralph Lauren, Armani reihen sich aneinander, und in den ruhigen, baumbeschatteten Nebenstraßen liegen die edlen Villen im Schönheitsschlaf. Dauer des Spaziergangs: mindestens 2 Stunden.

Beginnen Sie Ihre Tour am **Beverly Hills Visitors Bureau** *(239 S Beverly Drive)*, zwischen Gregory Way und Charleville Boulevard. Parken können Sie in einem der vielen Parkhäuser; in einigen sind die ersten zwei Stunden sogar kostenlos. **Beverly Drive** mit seinen zahlreichen Läden und Restaurants ist schon für sich einen Bummel wert. Biegen sie links ab in den Wilshire Boulevard, wo Sie das aus dem Filmklassiker „Pretty Woman" bekannte **Regent Beverly Wilshire Hotel** erreichen. Das historische Hotel wurde 1928 eröffnet, als Beverly Hills noch eine Kleinstadt von weniger als 18 000 Einwohnern war.

Direkt gegenüber, auf der östlichen Ecke vom Rodeo Drive, liegt eins der teuersten Shoppingcenter der Welt, **Two Rodeo Drive**. Einige Geschäfte hier öffnen nur exklusiv nach Verabredung. Steigen Sie die **Spanish Steps** zur Via Rodeo hinauf, einer auf alt gemachten Straße mit Kopfsteinpflaster, und bummeln Sie an edlen Geschäften und Straßencafés weiter zum Rodeo Drive und Dayton Way. Via Rodeo ist die erste Straße, die 1914 im neuen Beverly Hills angelegt wurde. In nördlicher Richtung, auf der anderen Straßenseite, ist *421 N Rodeo Drive* mit der **Rodeo Collection**, entworfen von dem Architekten Oliver Vidal. In dieser Shoppingmall aus pinkfarbenem Marmor finden Sie weitere hochpreisige Designerboutiquen. Gehen Sie ruhig in die Läden hinein, die Verkäufer sind freundlich, und niemand wird Ihnen böse Blicke nachwerfen, weil Sie nur mal schauen wollen.

Das **Artists and Writers Building** *(9507 Little Santa Monica Blvd./Rodeo Drive)* wurde 1924 im spanischen Kolonialstil gebaut. In den oberen Etagen hatten einst Charlie Chaplin, Ray Bradbury, Jack Nicholson und Billy Wilder kleine Büros. Biegen Sie rechts in den Little Santa Monica Boulevard ein. Drei Blocks weiter, gegenüber der raumschiffartigen Tankstelle aus den Fünfzigerjahren und auf der südöstlichen Ecke von Crescent Drive, stehen die ehemaligen Headquarters von **Global Crossing** von Paul Williams. Die Häuser gruppieren sich um eine Plaza mit einem Originalbrun-

107

nen aus Florenz und griechischen Säulen. Weiter nördlich auf *Crescent Drive* sehen Sie schon den hohen, weißen Turm der **Beverly Hills City Hall**. Vielleicht erkennen sie das Gebäude aus den „Beverly Hills Cop"-Streifen mit Eddie Murphy wieder? Auf der anderen Straßenseite liegt das ehemalige **Beverly Hills Post Office**: italienische Neorenaissance von 1933 mit Terrakotta und Mauersteinen. 2013 kam ein moderner Anbau hinzu, das *Wallis Annenberg Center for Performing Arts.* Überqueren Sie den Santa Monica Boulevard, und Sie sind im Stadtpark, den **Beverly Gardens** von 1911. Diese Oase der Ruhe erstreckt sich über 14 Blocks. Westlich den Santa Monica Boulevard entlang, steht im Park zwischen Canon und Crescent Drive eine Bronzestatue mit einem Soldaten und zwei Jagdhunden von Henri Alfred Marie Jacquemart, *Hunter and Hounds*. Diese Statue stand ursprünglich nahe dem Château Thierry in Frankreich. Der Bankier W. D. Longyear, dessen Sohn im Ersten Weltkrieg nicht weit entfernt von diesem Ort gefallen war, erwarb das vom Kugelhagel durchlöcherte Kunstwerk und ließ es 1925 in seinem Garten in Beverly Hills aufstellen, bis die Familie aus Beverly Hills wegzog und die Statue der Stadt schenkte. Ein Block weiter westlich lädt ein Bogen mit dem riesige Schriftzug der Stadt zum Fotostopp ein. Kurz vorm Rodeo Drive finden Sie die kunterbunte, psychedelische Tulpenskulptur *Hymn To Life* von Yayoi Kusama.

Nördlich vom Santa Monica Boulevard, steht das **O'Neill House** *(507 Rodeo Drive)*, eines der schönsten Beispiele der Art-nouveau-Architektur in Los Angeles. Es ist jedoch in Privatbesitz und deshalb nicht zu besichtigen. In Richtung Carmelita Avenue teilt ein Mittelstreifen den Rodeo Drive – ein Überbleibsel von **DINKY**, einer kleinen Bahn, die 1914 den Santa Monica Boulevard, den Sunset Boulevard und das Beverly Hills Hotel verband. In den Zwanzigerjahren wurden die Schienen entfernt; was zunächst blieb, war ein Pfad für Pferde, die wiederum in den Dreißigerjahren aus der Stadt verbannt wurden.

Zurück auf dem Santa Monica Boulevard, gehen Sie westlich zum **Camden Drive**, wo Sie die verschiedensten Kakteen und Wüstenpflanzen bewundern können. Der **Cactus Garden** erstreckt sich über den gesamten Block zwischen Camden und Bedford Drive. Weiter in Richtung Wilshire Boulevard, sprüht an der Ecke der **Electric Fountain** Wasser in die Luft. 1930 für $ 1000 gebaut, wurde der Brunnen vom Beverly Hills Women's Club gespendet. Die Statue auf dem Brunnen stellt einen indianischen Regenmacher *(Indian rain prayer)* und das Fries mit den Figuren am Rand die frühe Geschichte Kaliforniens dar. Der vielstöckige Bau gegenüber, an der nordwestlichen Ecke der Kreuzung Wilshire/Santa Monica Boulevard, ist das **Beverly Hilton Hotel**. Die lange Auffahrt vor dem Hotel wird alljährlich komplett mit rotem Teppich ausgelegt, wenn die Auslandspresse Hollywoods hier die Stars und Sternchen der Golden-Globe-Verleihung empfängt.

Gen Osten kommen Sie zu einem der aufregendsten neuen Gebäude der Stadt, der **Creative Artists Agency** *(9830 Wilshire Blvd./Little Santa Monica Blvd.)*, erbaut 1989 von dem weltbekannten Architekten I. M. Pei. Hier residieren die Staragenten, die für ihre berühmten Klienten wie Robert De Niro, Madonna, Meryl Streep, Barbra Streisand, Brad Pitt, Paul Newman, Tom Cruise u. a. die Millionengagen aushandeln. Allein die Eingangshalle ist schon beeindruckend – ein Meisterwerk aus Marmor und Glas. Das Zentrum bildet ein riesiges Original des Popart-Künstlers Roy Lichtenstein.

STADTSPAZIERGÄNGE

Nun wird es Zeit für einen kleinen Kaufhausbummel: Auf dem Wilshire Boulevard finden Sie auf der INSIDER TIPP Department Store Row u. a. Neiman Marcus, Saks Fifth Avenue und Barneys New York. Weiter gen Osten erreichen Sie wieder das *Beverly Wilshire Hotel*. Gehen Sie ruhig hinein, und gönnen Sie Ihren Füßen eine Ruhepause. Setzen Sie sich zum Afternoon Tea in die Lobby Lounge.

Nehmen Sie den Bronson-Canyon-Eingang *(2800 Canyon Drive)* zum Griffith Park, und folgen Sie der Straße, bis diese in einem Parkplatz endet. Der letzte Parkplatz auf der linken Seite ist kostenlos. Der Spaziergang zu den weltberühmten Buchstaben ist auch für Kinder ge-

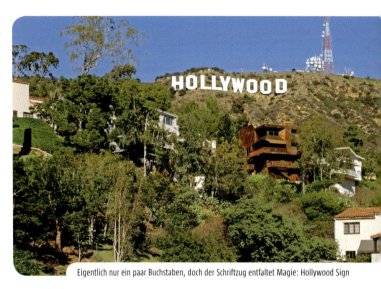

Eigentlich nur ein paar Buchstaben, doch der Schriftzug entfaltet Magie: Hollywood Sign

SPAZIERGANG ZUM HOLLYWOOD SIGN

Dieser Spaziergang lohnt sich: Man kann das berühmteste Wahrzeichen von Los Angeles von Nahem sehen. Entlang des Wegs kann man in die Wildnis der Hügel von Hollywood eintauchen. Und auf dem Gipfel von Mount Hollywood wird man mit einer spektakulären Aussicht auf die Stadt belohnt, fast wie aus dem Flugzeug. Dauer des Spaziergangs (8 km hin und zurück): 2–2,5 Std.

eignet, aber nehmen Sie vor allem an heißen Sommertagen unbedingt ausreichend Wasser mit, und denken Sie an Sonnenschutz – der Wanderweg bietet keinerlei Schatten! Gehen Sie auf dem Bush Canyon Drive, dem breiten, unasphaltierten Weg am Ende des Parkplatzes, steil bergauf. Kurz vor dem Gipfel erreichen Sie eine asphaltierte Straße, den Mount Lee Drive. Von hier aus sind es noch ungefähr 1,5 km bis zum Hollywoodzeichen. Dort angekommen, genießen sie den 360-Grad-Blick auf Los Angeles, an klaren Tagen bis nach Catalina Island, der westlich vorgelagerten Insel, und zum Valley im Norden. Zurück geht es auf dem selben Weg.

109

MIT KINDERN UNTERWEGS

Vom Blick hinter die Filmkulissen über prähistorische Artefakte und Raumfahrttechnologie bis zu gigantischen Vergnügungsparks gibt es in L. A. und Umgebung auch für kleine Besucher viel Spannendes zu entdecken. Und im Zweifelsfall locken 115 km Strand mit Möglichkeiten zum Baden und Sandburgenbauen.

CALIFORNIA SCIENCE CENTER
(138 A6) (*J5*)
Ein Fest für wissbegiereige Jungforscher. Die jüngste und größte Attraktion ist das Space Shuttle *Endeavour,* das hier seinen verdienten Ruhestand genießt. Tess, die 15 m große, durchsichtige und multimediale Frau, zeigt anschaulich, wie der menschliche Körper funktioniert. Auf einem Hochseilrad kann jeder (für $ 3) 14 m über dem Boden radeln und die Gesetze der Schwerkraft erkunden – selbstverständlich gut abgesichert. Im *IMAX Theater* ist die Leinwand sagenhafte sieben Stockwerke hoch und 28 m lang *(Vorführungen tgl. 10–17 Uhr jeweils zur vollen Stunde | $ 7). Science Center | tgl. 10–17 Uhr | Eintritt frei, Parken $ 10 | 700 Exposition Park Drive | im Exposition Park | Tel. 1323 7 24 36 23 | www. californiasciencecenter.org*

DISNEYLAND ⭐ (141 F5) (*0*)
Von fern grüßt das Matterhorn aus dem *Magic Kingdom*. Willkommen in Disneyland, dem ersten Park (1954) von Walt Disney, Vater von Mickey Mouse & Co. Hier besteht Indiana Jones seine Abenteuer, während ein paar Straßen weiter Dornröschen im 100-jährigen Schlaf liegt. Es gibt verschiedene Erlebnisbereiche, z. B. *Adventureland,* das mit Dschungelfahrten und wilden Tieren lockt, *New Orleans Square* mit Dixiebands oder *Haunted Mansion* mit holografischen Geistern. Hier fliegt die Achterbahn *Space Mountain* durch den Sternenhimmel, dort kann man mit dem U-Boot die Meerestiefen erkunden. Zur Hochsaison und an Feiertagen oft Wartezeiten. *Tagestickets $ 92, Kinder bis 10 J. $ 86 | 1313 S Disneyland Dr. | Anaheim | südwestl. von Downtown auf der I-5 Süd, Ausfahrt Harbor Blvd. | Tel. 1714 7 81 45 65 | www.disneyland.com*

LEGOLAND CALIFORNIA (0) (*0*)
Im Land der bunten Bausteine: Hier kann man auf Safari durch einen Wald voller Dinosaurier gehen, auf Spielplätzen aus Lego herumtollen, das Miniland USA (20 Mio. Legosteine!) besichtigen, mit Piraten kämpfen oder in einer Drachen-

Die zahlreichen Vergnügungsparks von Los Angeles bieten Spaß für jedes Alter, aber es gibt auch Lehrreiches zu entdecken

Achterbahn durchs Mittelalter düsen. Neu ist der *Waterpark*. Badesachen nicht vergessen! *Tagestickets $ 97, Kinder bis 13 J. $ 87 | 1 One LEGOLAND Drive | I-5 nach Süden, Ausfahrt Kanaan Rd. | Tel. 1760 918 53 46 | www.legoland.com*

LOS ANGELES ZOO (140 C2) (*M 0*)
Der Zoo ist berühmt für die Aufzucht des California-Kondors. Auch über 2000 andere Tiere leben hier. Im Tierkindergarten werden die jüngsten Bewohner gezeigt. *Tgl. 10–17 Uhr | Eintritt $ 17 | 5333 Zoo Drive | Griffith Park, 1-5/134 Fwy. | www.lazoo.org*

NATURAL HISTORY MUSEUM OF LOS ANGELES COUNTY (138 A6) (*M J5*)
In dem riesigen Gebäude im Stil der spanischen Renaissance werden seit 1913 Dinosaurier, Vögel, Mineralien, das Leben der amerikanischen Ureinwohner, präkolumbische Kunst und der Welt größter je gefangener Hai gezeigt. Die versteinerten Reptilien sind 290 Mio. Jahre alt. Im *Discovery Center* gibt es interaktive Displays und einen **INSIDER TIPP** Insektenzoo. Die größte Attraktion sind die „kämpfenden Dinosaurier", lebensgroße Modelle, die z. T. aus echten Knochen zusammengesetzt wurden. *Tgl. 9.30–17 Uhr | $ 12 | 900 Exposition Blvd. | zw. Figueroa St./Vermont Ave. | Tel. 1213 7 63DINO | www.nhm.org*

SIX FLAGS MAGIC MOUNTAIN UND HURRICANE HARBOR (0) (*M 0*)
In den Achterbahnen kommen Adrenalininjunkies voll auf ihre Kosten. Den besten Thrill für „Fortgeschrittene" bietet *Scream:* Hier fällt man auf einem Stuhl im Sturzflug senkrecht ab und wird dabei gedreht wie ein Korkenzieher. Für gemäßigtere Fahrten sorgt *Bugs Bunny World*. Nebenan *Hurricane Harbor* mit unzähligen Wasserrutschen. *Tagestickets $ 65, Kinder bis 1,22 m Größe $ 40 | 26 101 Magic Mountain Pwy. | vom Golden State Fwy., I-5 N | Valencia | Tel. 1818 3 67 59 65 | www.sixflags.com*

EVENTS, FESTE & MEHR

Was für die einen ein arbeitsfreier Feiertag, ist für andere *business as usual*, das heißt, viele Geschäfte, Restaurants und Kinos bleiben geöffnet. Einigkeit herrscht lediglich an amerikanischen Holidays wie *Fourth of July* (Unabhängigkeitstag) und *Thanksgiving* (Erntedankfest). Auskünfte dazu finden Sie in der „Los Angeles Times" und in der kostenlosen Wochenzeitung „L. A. Weekly".

OFFIZIELLE FEIERTAGE

Schulen, Postämter, Banken, Museen, Behörden und offizielle Institutionen sind geschlossen am: **1. Jan.** *New Year's Day* (Neujahrstag); **3. Mo im Jan.** *Martin Luther King Jr. Day;* **3. Mo im Feb.** *President's Day;* **Letzter Mo im Mai** *Memorial Day* (Gedenktag für die Toten und Kriegsopfer, zugleich Start der Sommersaison); **4. Juli** *Fourth of July, Independence Day* (Unabhängigkeitstag der Vereinigten Staaten von Amerika); **1. Mo im Sept.** *Labor Day* (Tag der Arbeit/Ende der Sommersaison); **2. Mo im Okt.** *Columbus Day;* **11. Nov.** *Veterans Day;* **4. Do im Nov.** *Thanksgiving Day* (Erntedankfest); **25. Dez.** *Christmas* (Weihnachten).

BESONDERE VERANSTALTUNGEN

JANUAR
Um 8 Uhr am ersten Morgen des neuen Jahres startet die traditionelle ▶ ***Tournament of Roses Parade*** (www.tournamentofroses.com) auf dem Colorado Boulevard in Pasadena.

FEBRUAR
Beim ▶ ***Chinese New Year,*** dem chinesischen Neujahrsfest, tanzen lange Papierdrachen durch die Straßen, Knaller verscheuchen böse Geister.
Die ▶ ***Oscar-Verleihung*** im Dolby Theatre in Hollywood versetzt die gesamte Stadt in einen Partyrausch.

MÄRZ
Am irischen ▶ ***St. Patrick's Day*** trägt man etwas Grünes und lässt sich das Bier im Pub schmecken.

APRIL
▶ ***Toyota Grand Prix*** (www.longbeachgp.com) in Long Beach: Ein Wochenende lang fegen die Rennwagen der Indy-Klasse (ähnlich der Formel Eins) durch die Straßen.

Die multikulturelle Stadt sorgt rund ums Jahr für ein reiches Angebot an attraktiven Festen und Veranstaltungen

MAI
▶ ⭐ *Cinco de Mayo*, der Mexikanische Unabhängigkeitstag, wird eine Woche lang um den 5. Mai herum in der ganzen Stadt zelebriert. Vor allem in Downtown: Essensstände, Mariachimusik und Latinostars

JUNI
Das ▶ INSIDER TIPP *Los Angeles Film Festival* (www.lafilmfest.com) präsentiert die neuesten *independent movies*, Dokumentar-, Kurzfilme, Musikvideos aus der ganzen Welt.

JULI
Überall spektakuläres Feuerwerk zum ▶ *Fourth of July*, dem amerikanischen Unabhängigkeitstag.

AUGUST
In Little Tokyo wird das japanische ▶ *Nisei Week Festival* gefeiert, mit Geishatänzen, Kabukitheater und vielen japanischen Leckereien.

SEPTEMBER
▶ ⭐ *Happy Birthday Los Angeles!* findet auf dem El Pueblo de Los Angeles Plaza mit Essensständen und Musik statt.

OKTOBER
▶ *Halloween:* Am 31. leuchten geschnitzte Kürbisse vor den Häusern, Geister und verkleidete Kinder ziehen durch die Straßen und fordern Süßigkeiten.

NOVEMBER
Bei der ▶ *Doo Dah Parade* in Pasadena, einer witzigen Parodieparade, marschieren u. a. Businessmen in dunklen Anzügen im präzisen Einheitsdrill.

DEZEMBER
Künstlicher Schnee, glitzernde Lichterketten, Rentiere und Santa Claus allüberall. Gleich nach Thanksgiving findet die ▶ *Hollywood Christmas Parade*, ein weihnachtlicher Umzug, auf dem Hollywood Boulevard statt.

LINKS, BLOGS, APPS & MORE

LINKS

▶ www.laist.com Darüber spricht man in L. A.: Kommentare und Infos zu allem, was in der Stadt der Engel passiert und die Gemüter der Bürger bewegt. Zu den Schwerpunkten gehören kulturelle Ereignisse und lokale Nachrichten

▶ www.la.curbed.com So lebt man in L. A.: für Architekturfans und Neugierige, die hinter die Mauern der Millionen-Anwesen schauen möchten. Die Nachrichten vom Immobilienmarkt sind mit Fotos und Innenansichten der spektakulärsten Villen der Stadt bebildert

▶ www.X17online.com Den Promis auf den Fersen: brandaktuelle Schnappschüsse von Stars, die die Paparazzi in den Straßen und Hügeln von Hollywood aufgespürt haben, angereichert mit dem neuesten Hollywood-Klatsch

BLOGS & FOREN

▶ latimesblogs.latimes.com/alltherage/ Von Streetstyles bis zu Runway-Events spüren die Modeexperten der „L. A. Times" die heißesten Trends der Stadt auf. Auch Stylingtipps und Infos zu Schnäppchen und Sonderverkäufen

▶ www.la.eater.com So speist man in L. A.: eine Fülle von Information für Leute, die gerne essen. Hier werden Neuigkeiten aus L. A.s dynamischer Restaurantszene zusammengetragen. Man findet Berichte über Restauranteröffnungen und Gastrokritiken

VIDEOS

▶ www.newfilmmakersla.com/onlocation Preisgekrönte Kurzfilme aus dem Los Angeles Video Project. Die talentiertesten Filmemacher der Stadt präsentieren L. A.s faszinierendste Facetten kreativ und experimentell

▶ short.travel/los1 Hollywood mal ganz anders, abseits der Touristenattraktionen. Die Reisereporterin der „New York Times" führt Zuschauer zu den versteckten Ecken der Stadt und zu ihren Lieblingsrestaurants und -ausgehlocations

Egal, ob Sie sich vorbereiten auf Ihre Reise oder vor Ort sind: Mit diesen Adressen finden Sie noch mehr Informationen, Videos und Netzwerke, die Ihren Urlaub bereichern. Da manche Adressen extrem lang sind, führt Sie der kürzere short.travel/-Code direkt auf die beschriebenen Websites

▶ short.travel/los2 Diverse Filmberichte über L. A., z. B. eine dreimin. Reise durch L. A., gespickt mit Liebeserklärungen von Trendsettern, die erklären, warum ihre Stadt sie begeistert.

▶ Transit LA Unverzichtbar, wenn man durch den öffentlichen Nahverkehrsdschungel navigieren will. Die App berechnet nicht nur die Route, sondern auch Reisezeit und Preise und ist dabei sehr akkurat.

APPS

▶ Los Angeles Way Die ultimative L. A.-App bündelt 50 praktische Anwendungen zum essentiellen Rundumpaket. Von hier aus kann man u. a. Restaurant-Reservierungen machen, den Busfahrplan abrufen, Veranstaltungskarten kaufen oder die nächste Polizeistation finden (kostenlos)

▶ California Traffic Report Toll, wenn man in L. A. mit dem Auto unterwegs ist: aktuelle Staumeldungen von der University of California (kostenlos)

▶ Los Angeles Parking Hilft dabei, die günstigsten Parkgaragen zu finden. Sehr empfehlenswert für L. A., wo Parkgebühren von 2 bis 50 Dollar reichen können. Praktisch die integrierte Parkuhr mit Alarm

▶ MARCO POLO City Guide Los Angeles Smartphone-App, leitet auch ohne Internetverbindung zuverlässig durch Großstadtdschungel oder Region. Sehenswertes, Essen & Trinken, Einkaufen und Am Abend, aber auch Aktivitäten mit Kindern, Sport und Ausflüge, die in der Karte angezeigt sind. Noch besser: eigene Tour nach Lust und Laune zusammenstellen

▶ twitter.com/lanewsnow Pausenlos Nachrichten aus Los Angeles – von Politik über Events und Wetter bis hin zu Hollywoodnews

▶ short.travel/los3 Hier werden Tipps, Fotos und Videos aus Los Angeles ausgetauscht

▶ www.tripping.com Hier können Reisende Kontakt mit Ortsansässigen aufnehmen, um sich Tipps für die Reise zu holen oder sich zum Kaffee zu verabreden. Es werden sogar Privatunterkünfte angeboten

NETWORK

PRAKTISCHE HINWEISE

ANREISE

Der Nonstopflug von Frankfurt/M. (9321 km) dauert ca. 11 ½ Stunden. In der Vor- und Nachsaison kosten Tickets ab 450 Euro, in der Hochsaison (zur deutschen Ferienzeit) ab 850 Euro. Die Lufthansa hat täglich Direkflüge ab Frankfurt/M. und München. Air Berlin fliegt mehrmals pro Woche ab Berlin und Düsseldorf nonstop.

Die Pass- und Zollkontrollen nach der Ankunft am *LAX (Los Angeles International Airport)* sind zeitaufwendig. Für ein Taxi nach Downtown, Santa Monica, Hollywood oder Beverly Hills müssen Sie mit $ 40–60 rechnen. Shuttleservice zwischen dem Flughafen und allen großen Hotels gibt es ab $ 19. Ihre Rückkehr zum Flughafen sollten sie mindestens einen Tag vorher telefonisch reservieren. *Prime Time Shuttle (Tel. 1800 7 33 82 67 | www.primetimeshuttle.com)*

Busfahren ab LAX ist kompliziert und zeitaufwendig. Die blauen *Fly-away*-Busse halten vor jedem Terminal und fahren direkt zur *Union Station* in Downtown *(30–45 Min. | $ 7)*, von da aus geht es weiter mit der U-Bahn Richtung Hollywood oder mit lokalen Bussen. Kostenlose Shuttlebusse verbinden den Flughafen mit dem *Transit Center,* wo man auf Bus und Bahn (Verbindungen siehe: *www.metro.net*) umsteigen kann. Die Busse mit der Markierung „G" halten vor den Terminalgebäuden unter den Schildern mit der Aufschrift „LAX Shuttle & Airline Connections".

Der Greyhound Bus Terminal befindet sich Downtown L. A., Ecke 1716 E 7th Street und Alameda.

Amtrak-Züge kommen in der Union Station in Downtown L. A., 800 N Alameda Street, an.

Von Norden und Süden Anfahrt über den I-5 (Golden State Fwy.) und den I-405 (San Diego Fwy.). Von Westen über den I-101 (Ventura Fwy.) oder am Meer entlang auf dem Pacific Coast Highway 1 (PCH); von Osten über den I-10 (Santa Monica Fwy.).

AUSKUNFT VOR DER REISE

NONSTOP REISE GMBH
Eschersheimer Landstr. 220 | 60 320 Frankfurt/M. | Tel. 069 5 60 26 00 | www.nonstop-reisen.de

GRÜN & FAIR REISEN

Auf Reisen können auch Sie mit einfachen Mitteln viel bewirken. Behalten Sie nicht nur die CO_2-Bilanz für Hin- und Rückflug im Hinterkopf *(www.atmosfair.de)*, sondern achten und schützen Sie auch nachhaltig Natur und Kultur im Reiseland *(www.gate-tourismus.de; www.zukunftreisen.de; www.ecotrans.de)*. Gerade als Tourist ist es wichtig, auf Aspekte zu achten wie Naturschutz *(www.nabu.de; www.wwf.de)*, regionale Produkte, Fahrradfahren (statt Autofahren), Wassersparen und vieles mehr. Wenn Sie mehr über ökologischen Tourismus erfahren wollen: europaweit *www.oete.de*; weltweit *www.germanwatch.org*

Von Anreise bis Zoll

Urlaub von Anfang bis Ende: die wichtigsten Adressen und Informationen für Ihre Reise nach Los Angeles

AUSKUNFT IN L. A.

NONSTOP TRAVEL
Deutschspr. Mitarbeiter. *833 W Torrance Blvd. | Suite 111 | Torrance | Tel. 1310 3 24 55 00 | www.nonstoptravel.net*

VISITORS INFORMATION CENTER L. A.
685 S Figueroa | zw. Wilshire Blvd./W. 7th St. | Downtown | Tel. 1213 6 89 88 22 | www.discoverlosangeles.com

BEVERLY HILLS VISITORS BUREAU
239 S Beverly Drive | zw. Charleville Blvd./ Gregory Way | Tel. 1310 2 48 10 15 | www. lovebeverlyhills.com

HOLLYWOOD VISITORS INFORMATION
Im Hollywood & Highland Shopping Center | 6801 Hollywood Blvd. | Tel. 1323 4 67 64 12

SANTA MONICA VISITORS CENTER
1400 Ocean Av. | zw. Santa Monica Blvd./ Broadway | Tel. 1310 3 93 75 93 | www. santamonica.com

WEST HOLLYWOOD CONVENTION AND VISITORS BUREAU
8687 Melrose Av./San Vicente Blvd. | Tel. 1310 2 89 25 25 | www.visitwestholly wood.com

DIPLOMATISCHE VERTRETUNGEN

DEUTSCHES GENERALKONSULAT
6222 Wilshire Blvd. | Suite 500 | Mo–Do 8–16, Fr 8–13 Uhr | Tel. 1323 9 30 27 03 | www.germany.info/Vertretung/usa/ en/03_Consulates/Los_Angeles/00/_ Home.html

ÖSTERREICHISCHES GENERALKONSULAT
11 859 Wilshire Blvd. | Westgate | Suite 501 | Mo–Fr 10–13, tel. 9–17 Uhr | Tel. 1310 4 44 93 10 | Fax 1310 4 77 98 97 | www.austria-la.org

GENERALKONSULAT DER SCHWEIZ
11 766 Wilshire Blvd. | Barrington | Mo–Fr 9–12 Uhr | Tel. 1310 05 75 11 45 | Fax 1310 5 75 19 82 | www.eda.admin.ch/la

EINREISE

Sie benötigen einen maschinenlesbaren Reisepass. Ein Visum ist nicht nötig, wenn Ihr Aufenthalt 90 Tage nicht überschreitet und Sie bei der Einreise ein Rückflugticket vorweisen können. Sie müssen sich mindestens 72 Stunden vor dem Abflug auf der Website des *Department of Homeland Security* anmelden (Gebühr $ 14): *www.estaonline.com*. Die aktuellen Einreisebestimmungen finden sie unter: *german.germany.usembassy. gov/visa/*

GELD

Ein Dollar ist unterteilt in 100 Cents. Scheine *(bills)* gibt es zu 1, 2 (selten), 5, 10, 20, 50 und 100 Dollar; die beiden Letzteren sind nicht sehr willkommen und werden im Taxi und in kleineren Geschäften meist nicht angenommen. Münzen *(coins)* sind zu 1 *(penny)*, 5 *(nickel)*, 10 *(dime)*, 25 *(quarter)* Cents im Umlauf. Ganz selten: *half* (50 Cents) und Silberdollar. Obwohl es einige wenige Restaurants und Läden gibt, die nur Bargeld *(cash)* akzeptieren, sind Kreditkarten das gebräuchlichste Zahlungsmittel. Damit bekommen Sie auch Geld am Automaten. Travellerschecks werden wie Bargeld behandelt. Infos über Geldwechsel, Wechselkurse und das nächstgelegene Wechselbüro: *Tel. 1800 2 87 73 62 (Travelex, www.travelex.com)*.

INTERNET & WLAN

WLAN findet man in L. A. durchgängig, garantiert in den Hotels und in zahlreichen Cafés.

Veranstaltungskalender findet man bei: *www.experiencela.com/Calendar*. Eher fürs jüngere Publikum bietet *flavorpill. com/losangeles* Termine zu Galerie-Eröffnungen, Partys, Filmvorführungen, Konzerten und Avantgarde-Happenings der Subkultur. Stadtzeitungen online, ebenfalls mit Veranstaltungskalender: *www.lamag.com*, *www.laweekly.com*. Übersicht über Hotels mit direkter Buchungsmöglichkeit: *discoverlosangeles. com/hotels*. Es lohnen Preisvergleiche mit Online-Agenturen *www.hotels.com*, *www.travelocity.com*, *www.expedia.*

com. Unter *www.virtualtourist.com* bewerten und kommentieren Reisende Hotels und Sehenswürdigkeiten, es gibt Warnungen vor Touristenfallen. Umfangreiche Service-Verzeichnisse für die Stadt: *www.at-la.com*, *www.losangeles. citysearch.com*. Bei *www.opentable.com* kann man Tische in den meisten Restaurants der Stadt reservieren. Die Adressen der Filmstars: *www.travelersdigest. com/stars_homes.htm*. Wetter: *www. wunderground.com*

KLIMA & REISEZEIT

Im Sommer ist es durchgängig heiß, im Winter milder und wechselhaft, es regnet auch mal. In Strandnähe ist es tendenziell kühler, nach Sonnenuntergang braucht man eine Jacke. Ganzjährig können Santa-Ana-Winde, eine Art Föhn, die Stadt mit trockener, heißer Luft füllen. Das Wüstenklima sorgt für extrem niedrige Luftfeuchtigkeit, viel Wasser trinken! *Wettervorhersage: Tel. 1213 5 54 12 12, Wellenauskunft für Surfer: Tel. 1310 4 57 97 01*

WAS KOSTET WIE VIEL?

Cappuccino	**3,50 Euro** *im Café*
T-Shirt	**ab 10 Euro** *für ein Souvenir-T-Shirt mit L. A.-Motiv*
Hamburger	**ab 1 Euro** *in Fastfood-Restaurants*
Eiscreme	**ca. 3 Euro** *pro Kugel*
Benzin	**3,10 Euro** *für eine gallon (ca. 3,75 l)*
Taxi	**2,70 Euro** *pro Meile, plus 2 Euro Grundgebühr*

MIETFAHRZEUGE

Mietwagen sollten Sie schon im Voraus in Deutschland buchen, da hier die Versicherung inklusive ist, wofür in den USA $ 12–20 pro Tag extra berechnet werden. Sie brauchen Ihren nationalen Führerschein und eine Kreditkarte. Sind Sie unter 24 Jahre, verlangen die Verleiher höhere Preise. Klären Sie mit Ihrem Kreditkartenträger, ob Sie den Schutz einer Diebstahl- und Unfallversicherung haben – in diesem Fall können Sie die Zusatzversicherung vor Ort weglassen und viel Geld sparen.
– *Alamo (Tel. 1800 3 27 96 33)*
– *Avis (Tel. 1800 3 311 2 12)*
– *Budget (Tel. 1800 2 18 79 92)*

PRAKTISCHE HINWEISE

– *Dollar (Tel. 1800 8 00 40 00)*
– *Hertz (Tel. 1800 6 54 31 31)*
– *National (Tel. 1877 2 83 08 98)*
– *Thrifty (Tel. 1310 6 45 18 80)*
Avis, Budget, Enterprise und *Hertz* haben am LAX auch eine begrenzte Anzahl von 🍃 Hybridautos. Empfehlenswert ist die grüne Flotte des lokalen Anbieters *Simply Hybrid* mit großer Auswahl. Autos werden kostenlos an den Flughafen oder zum Hotel geliefert *(Tel. 1323 6 53 00 11 | www. simplyhybrid.com)*. Wenn Sie sich den American Dream mit einer Harley Davidson erfüllen wollen: *Eaglerider (Tel. 1310 3 21 31 80 | www.eaglerider.com)*, ab ca. $ 140/Tag inkl. Versicherung. Wohnmobile: *El Monte RV (Tel. 1800 3 37 22 00 | 1800 4 78 50 40)* hat auch deutschsprachige Agenten.

MINDESTALTER

Das Mindestalter für den Kauf und Verzehr von Alkohol ist in den USA 21 Jahre. Darunter hat man keinen Zutritt zu Bars und Clubs. Wegen der strengen Alkoholgesetze wird selbst an den Eingängen von Bars häufig ein Ausweis verlangt. Die Türsteher sind unerbittlich und überprüfen die Personalien – egal wie alt der Gast aussieht. Selbst Rentnern wird manchmal der Zutritt verwehrt, wenn sie ihr Alter nicht nachweisen können. Es empfiehlt sich deshalb, auch am Abend immer den Reisepass dabei zu haben.

NOTARZT & NOTRUF

Notrufnummer: Tel. 9 11
Notaufnahme rund um die Uhr:
– *California Hospital Medical Center (401 S Grand Ave. | Downtown | Tel. 1213 7 48 24 11)*.
– *UCLA Medical Center (auf dem UCLA-Campus in Westwood | Tel. 1310 2 67 91 19)*.

Deutschsprachiger Zahnarzt in Beverly Hills: *Dr. Joseph Goodman (Tel. 1310 8 60 93 11 | Beverly Hills)*. Ärzte und Krankenhäuser müssen sofort bezahlt werden. Schließen Sie deshalb eine Reisekrankenversicherung ab!

WÄHRUNGSRECHNER

€	USD	USD	€
1	1,29	1	0,77
2	2,58	2	1,54
3	3,87	3	2,31
4	5,16	4	3,08
5	6,45	5	3,85
7	9,03	7	5,39
8	10,32	8	6,16
9	11,61	9	6,93
10	12,89	10	7,75

ÖFFENTLICHE VERKEHRSMITTEL

Alle Fahrten mit MTA-Bussen kosten $ 1,50. Halten Sie das Fahrgeld abgezählt bereit, da der Fahrer kein Geld rausgeben kann. Info: *Tel. 1213 6 26 44 55 | www. metro.net*
Der *Big Blue Bus (www.bigbluebus. com)* von Santa Monica verkehrt auf der Westside, fährt zum Flughafen und nach Downtown. Der *Tide Shuttle (Sa/So 12–22 Uhr)* pendelt für 25 Cent zwischen Hotels und örtlichen Sehenswürdigkeiten hin und her.
In Downtown und jetzt auch in anderen Stadtteilen von L. A. operiert der *DASH (Downtown Area Short Hop | www. ladottransit.com)* mit Minibussen für 50 Cents pro Fahrt.
Auskunft über Zugverbindungen *(Amtrak)*: Tel. 1800 8 72 72 45 | www.amtrak. com; Greyhound-Busse: *Tel. 1800 2 31 22 22 | www.greyhound.com*

PARKEN

Achten Sie darauf, immer *Quarter* (25-Cent-Stücke) zur Hand zu haben. Lesen Sie die Schilder, die Zeiten und Dauer angeben! *Roter* Kantstein bedeutet: Parken verboten, *weißer* oder *gelber*: nur Be- und Entladen. Die meisten Restaurants und Clubs bieten *valet service:* Man überlässt den Wagen dem Personal; beim Abholen wird $1 Trinkgeld erwartet.

STADTTOUREN

Auf dem Hollywood Boulevard kann man Doppeldecker-, Safari- oder normale Busse für Touren durch Hollywood und zu den Villen der Stars besteigen. Einen schnellen Überblick verschafft man sich bei der Touristinfo am Eingang zum *Dolby Theatre,* wo Prospekte aller Anbieter ausliegen. Es gibt auch spezialisierte Touren wie *Dearly Departed,* die die Schauplätze berühmter Todesfälle und Hollywoodskandale ansteuert *(www. dearlydepartedtours.com). Melting Pot Tours* bietet Schlemmerspaziergänge an *(www.meltingpottours.com).* Die *L. A. Conservancy* führt zu historischen Gebäuden *(www.laconservancy.org).*

STROM

110 Volt/60 Hertz. Steckdosenadapter bekommen Sie in einer der Filialen von *Radio Shack*.

WETTER IN LOS ANGELES

	Jan.	Feb.	März	April	Mai	Juni	Juli	Aug.	Sept.	Okt.	Nov.	Dez.
Tagestemperaturen in °C	17	18	21	22	23	25	28	28	28	25	23	19
Nachttemperaturen in °C	7	9	10	12	13	15	17	17	16	14	11	9
Sonnenschein Stunden/Tag	6	7	8	9	11	12	12	10	9	8	7	7
Niederschlag Tage/Monat	6	10	7	4	0	0	0	0	0	0	3	4
Wassertemperaturen in °C	12	12	13	14	16	17	19	22	20	18	16	14

PRAKTISCHE HINWEISE

TAXI

Taxifahren funktioniert in L. A. anders als in anderen Städten. Die Gesetze verbieten es den Fahrern in weiten Teilen der Stadt, am Straßenrand anzuhalten, und deshalb fahren Taxis auch nicht auf der Suche nach Passagieren durch die Gegend. Taxistände sind mit Ausnahme vom Hollywood Boulevard, dem Flughafen, der Innenstadt von Santa Monica und Downtown eine Seltenheit. Deshalb muss man ein Taxi per Telefon bestellen oder vor den großen Hotels sein Glück versuchen. *Yellow Cab (Tel. 1877 7 33 33 05)* oder *L. A. Taxi (Tel. 1800 4 51 37 94)*. Online-Rechner für Taxifahrpreise: *la.taxiwiz.com*

TELEFON & HANDY

Auskunft: 411. Vorwahl nach Deutschland: *011 49*, nach Österreich: *011 43*, in die Schweiz: *011 41*. Die Vorwahl in die USA ist 001, wobei bei Anrufen aus dem Ausland die „1", die der dreistelligen Ortskennziffer vorangeht und die der den deutschen Ortskennziffern vorangestellten „0" entspricht, entfällt. Ein Anruf in die USA besteht also aus dreizehn Ziffern. Beispiel: 001 222 333 44 55. Für Gespräche innerhalb der USA, egal ob Orts- oder Ferngespräche, wählt man elf Ziffern, beginnend mit der „1", gefolgt von der dreistelligen Ortskennzahl und der siebenstelligen Nummer. Dies gilt nicht nur für das Festnetz, sondern auch für Handynummern, die ebenfalls mit Ortskennzahlen beginnen und keine gesonderten Netznummern haben.
Für internationale Gespräche empfehlen sich Prepaidkarten, die in Supermärkten und Liquor Stores erhältlich sind. Über Einwahlnummern und -codes kann man dann von öffentlichen oder Hoteltelefonen aus günstige Gespräche führen, z. T.

ab 3 Cent/Min. Lokale Anbieter wie *Verizon* und *T-Mobile* verkaufen auch Handys mit Prepaid-SIM-Karten.

VERKEHR

An der roten Ampel rechts abbiegen (aber erst nach einem Stopp!), sonst ertönt hinter Ihnen ein Hupkonzert. Fußgänger haben an Kreuzungen ohne Ampel immer Vorfahrt. Kreuzung mit vier Stoppschildern: Wer zuerst kommt, hat Vorfahrt. Auf dem Freeway-System (ca. 1300 km) ist die Höchstgeschwindigkeit 65 mph (= ca. 105 km/h), in Städten 35 mph (56 km/h), oft nur 25 mph (40 km/h). Achtung: Es wird rechts überholt, und Motorradfahrer dürfen sich überall durchschlängeln. Oft gibt es *carpool lanes*, separate Spuren für Autos mit zwei oder mehr Insassen, die durch eine Rhombe gekennzeichnet sind.

ZEIT

Los Angeles liegt 9 Stunden hinter der Mitteleuropäischen Zeit (MEZ) zurück. Auskunft: *Tel. 1 310 8 53 12 12*. Zeitumstellung auf Sommer- bzw. Winterzeit am 2. So im März und am 1. So im November.

ZOLL

Die Einfuhr von Lebensmitteln, Konserven, Pflanzen, Samen und Obst ist verboten. Zollfrei pro Pers.: 1 l Spirituosen, 200 Zigaretten oder 50 Zigarren (nicht aus Kuba) und Geschenke im Wert von max. $ 100. Bei der Heimreise dürfen Sie in die EU zollfrei einführen: Waren im Wert von max. 430 Euro, 2 l Wein oder 1 l Spirituosen mit über 22 Prozent, 200 Zigaretten oder 100 Zigarillos oder 50 Zigarren. Deutschland, Österreich und die Schweiz verbieten die Einfuhr von Produkten, die von geschützten Tieren stammen.

SPRACHFÜHRER ENGLISCH

AUSSPRACHE

Zur Erleichterung der Aussprache sind alle Begriffe und Wendungen mit einer einfachen Umschrift in eckigen Klammern versehen. Folgende Zeichen sind Sonderzeichen:

θ   wie [s], gesprochen nur mit der Zungenspitze zwischen den Zähnen

ə   nur angedeutetes „e" wie am Ende von „Bitte", immer ohne Betonung

'   Betonung liegt auf der folgenden Silbe

AUF EINEN BLICK

Ja/Nein/Vielleicht	Yes [jess]/No [nou]/Maybe ['meybih]
Bitte/Danke	Please [plihs]/Thank you ['θänkju]
Entschuldige	Sorry [ssorri]
Entschuldigen Sie	Excuse me, please [iks'kjuhs mih, plihs]
Darf ich ...?	May I ...? [mey ai?]
Wie bitte?	Pardon? ['pahdn?]
Ich möchte .../	I'd like to ... [aid laik tu ...]/
Haben Sie ...?	Do you have ...? [dju häf ...?]
Wie viel kostet ...?	How much is ...? ['hau matsch is ...?]
Das gefällt mir/nicht	I love it [ai laf it]/I don't like it [ai dount laik it]
gut/schlecht	good [gud]/bad [bäd]
kaputt/funktioniert nicht	broken/doesn't work [broukən/dasnt wöək]
(zu) viel/wenig	(too) much [(tuh) matsch]/(too) little [(tuh) litl]
Hilfe!/Achtung!/Vorsicht!	Help!/Watch out!/Caution!
	[hälp][watsch aut][kahschn]
Krankenwagen/Notarzt	ambulance ['ämbjulənz]/paramedics [pärə'mediks]
Polizei/Feuerwehr	police [po'lihs]/fire department [faiə depahtment]
Gefahr/gefährlich	danger ['deyndschə]/dangerous ['deyndschərəs]

BEGRÜSSUNG UND ABSCHIED

Gute(n) Morgen/Tag/	Good morning [gud 'moəning]/day [dey]/
Abend/Nacht	evening ['ifning]/night! [nait]
Hallo/Auf Wiedersehen	Hi! [hai]/(Good) Bye [(gud) bai]
Tschüss	See you [ssih juh]
Ich heiße ...	I'm ... [aim ...]/My name is ... [mai 'näims ...]
Wie heißt Du/heißen Sie?	What's your name? [wots joə 'näim?]
Ich komme aus ...	I'm from ... [aim from ...]

Do You speak Englisch?

„Sprichst du Englisch?" Dieser Sprachführer hilft Ihnen, die wichtigsten Wörter und Sätze auf Englisch zu sagen

DATUMS- UND ZEITANGABEN

Montag/Dienstag	Monday ['mandey]/Tuesday ['tjuhsdey]
Mittwoch/Donnerstag	Wednesday ['wensdey]/Thursday ['θöəsdey]
Freitag/Samstag	Friday ['fraidey]/Saturday ['ssätədey]
Sonntag/Feiertag	Sunday ['ssandey]/holiday ['holidey]
heute/morgen/	today [tə'dey]/tomorrow [tə'morou]/
gestern	yesterday ['jestədey]
Stunde/Minute	hour ['auə]/minute ['minit]
Tag/Nacht/Woche	day [dey]/night [nait]/week [wihk]
Wie viel Uhr ist es?	What time is it? [wət 'taim is it?]
Es ist drei Uhr	It's three o'clock [its θrih əklok]

UNTERWEGS

offen/geschlossen	open [oupən]/closed [klousd]
Eingang/Ausgang	entrance ['entrənts]/exit ['eksit]
Ankunft/Abflug	arrival [ə'raiwl]/departure [di'pahtschə]
Toiletten/Damen/Herren	restrooms ['restruhms]/ladies [leydihs]/men [men]
(kein) Trinkwasser	(no) drinking water [(nou) drinkin wohtə]
Wo ist ...?/Wo sind ...?	Where is ...? [weə is ...?]/Where are ...? [weə ah ...?]
links/rechts	left [läft]/right [rait]
geradeaus/zurück	straight ahead [sstreyt ə'hed]/back [bäk]
nah/weit	close [klous]/far [fah]
Taxi	Taxi [taksi]/cab [käb]
Bushaltestelle/Taxistand	bus stop [bass sstop]/cab stand [käb sständ]
Parkplatz/	parking lot ['pahkin lot]/
Parkhaus	parking garage ['pahkin ga'rahsch]
Stadtplan/Landkarte	city map ['ssiti mäp]/road map [roud mäp]
Bahnhof/Hafen	train station [treyn ssteyschn]/harbor ['hahbə]
Flughafen	airport ['eahpoət]
Fahrplan/Fahrschein	timetable [taimteybl]/ticket ['tiket]
Zuschlag	additional fare [ə'dischənəl faəh]
einfach/hin und zurück	one way [wan wey]/round trip [raund trip]
Ich möchte ... mieten	I want to rent ... [ai wont tu rent ...]
ein Auto/ein Fahrrad	a car [ə kah]/a bike [ə baik]
ein Boot	a boat [ə bout]
ein Wohnmobil	a motorhome [ə 'moutəhoum]/
	RV (recreational vehicle) [ar'wih]
Tankstelle	gas station [gäss ssteyschn]
Benzin/Diesel	gas [gäss]/diesel [dihsl]
Panne/Werkstatt	breakdown ['breykdaun]/repair shop [ri'peə schop]

123

ESSEN UND TRINKEN

Reservieren Sie uns bitte für heute Abend einen Tisch für vier Personen	Would you please make a reservation for a table of four for tonight? [wud ju plihs meyk ə 'resəveyschən foa ə 'teybl əf 'foə foh tunait?]
Die Speisekarte, bitte	The menue please [ðe menju plihs]
Könnte ich ... haben?	Could I please have ...? [kud ai plihs häf ...?]
Vegetarier(in)/Allergie	vegetarian [wedsche'tərian]/allergy ['älədschi]
Ich möchte zahlen, bitte	Could I have the check, please? [kud ai häf ðə tschek plihs]

EINKAUFEN

Wo finde ich ...?	Where would I find ...? ['weə wud ai 'faind ...?]
Ich möchte .../	I'd like ... [aid laik ...]/
Ich suche ...	I'm looking for ... [aim luking foə ...]
Apotheke/Drogerie	pharmacy ['fahməssi]/drugstore ['dragstoə]
Einkaufszentrum	shopping center ['schopping 'ssentə]
teuer/billig/Preis	expensive [iks'penssif]/cheap [tschihp]/price [praiss]
mehr/weniger	more [moə]/less [less]
aus biologischem Anbau	organically grown [or'gänikəli groun]

ÜBERNACHTEN

Ich habe ein Zimmer reserviert.	I've reserved a room [aif ri'söəvd ə ruhm]
Haben Sie noch ein ...	Do you still have a ... [du ju sstil häf ə]
Einzelzimmer	single room [ssingl ruhm]
Doppelzimmer	room for two [ruhm foə tuh]
(Wohnmobil)Stellplatz	stall [sstal]/space [sspeyss]
Frühstück/Halbpension	breakfast ['brekfəst]/European plan [juro'piən plän]
Vollpension	American plan [ə'märikan plän]/full board [ful boərd]
zum Meer/zum See	oceanfront [ouschnfrant]/lakefront [leykfrant]
Dusche/Bad	shower [schauə]/sit down bath [ssit daun bäə]
Balkon/Terrasse	balcony ['bälkoni]/terrasse ['terəss]
Schlüssel/Zimmerkarte	key [kih]/room access card [ruhm 'äksess kard]
Gepäck/Koffer/Tasche	luggage ['lagitsch]/suitcase ['ssuhtkeys]/bag [bäg]

BANKEN UND GELD

Bank/Geldautomat	bank [bänk]/ATM [ey ti em]
Geheimzahl	pin code [pin koud]
Ich möchte ... Euro wechseln	I'd like to change ... Euro [aid laik tə tscheynsch ... jurou]
bar/Kreditkarte	cash [käsch]/credit card [kredit kard]
Banknote/Münze	bill [bil]/coin [koin]

SPRACHFÜHRER

GESUNDHEIT

Arzt/Zahnarzt/	doctor ['doktə]/dentist ['dentist]/
Kinderarzt	pediatrician [pedia'trischən]
Krankenhaus/	hospital ['hospitl]/
Notfallpraxis	emergency clinic [i'mertschənsi 'klinik]
Fieber/Schmerzen	feaver [fihvə]/pain [peyn]
Durchfall/Übelkeit	diarrhea [daiə'ria]/sickness ['ssikness]
Sonnenbrand/-stich	sunburn ['ssanbörn]/sunstroke ['ssanstrouk]
Rezept	prescription [prəs'kripschən]
Schmerzmittel/Tablette	pain killer [peyn kilə]/pill [pill]

TELEKOMMUNIKATION & MEDIEN

Briefmarke/Brief	stamp [sstämp]/letter ['lettə]
Postkarte	postcard ['poustkahd]
Ich brauche eine Telefon-	I need a phone card for long distance calls
karte für Ferngespräche	[ai nihd ə foun kahd for long disstants kahls]
Ich suche eine Prepaid-	I'm looking for a prepaid-card for my cell phone
Karte für mein Handy	[aim luking foə ə foun kahd foə mai ssell foun]
Wo finde ich einen	Is there internet access here somewhere?
Internetzugang?	[is əea 'internet 'äksess hiə 'ssamweə]
Brauche ich eine	Do I need a special area code?
spezielle Vorwahl?	[duh ai nihd a 'speschəl ärea koud]
Steckdose/Adapter/	wall plug [wahl plag]/adapter [ə'däptə]/
Ladegerät	charger [tschatschə]
Computer/Batterie/Akku/	computer/battery/recharchable battery ['bäteri]
WLAN	[re'tschahtschablə bäteri]/Wi-Fi ['waifai]

FREIZEIT, SPORT UND STRAND

Strand	beach [bihtsch]
Sonnenschirm/Liegestuhl	sun shade [ssan scheyd]/beach chair [bihtsch tschea]
Fahrrad-/Mofa-Verleih	bike ['baik]/scooter rental ['skuhtə rentəl]
Vermietladen	rental shop [rentəl schop]
Übungsstunde	lesson ['lessən]

ZAHLEN

1/2	a/one half [ə/wan 'hahf]		200	two hundred ['tuh 'handrəd]
1/4	a/one quarter [ə/wan 'kwohtə]		1000	(one) thousand [('wan) əausənd]
100	(one) hundred [('wan) 'handrəd]		2000	two thousand ['tuh əausənd]
100	(one) hundred [('wan) 'handrəd]		10 000	ten thousand ['tän əausənd]

EIGENE NOTIZEN

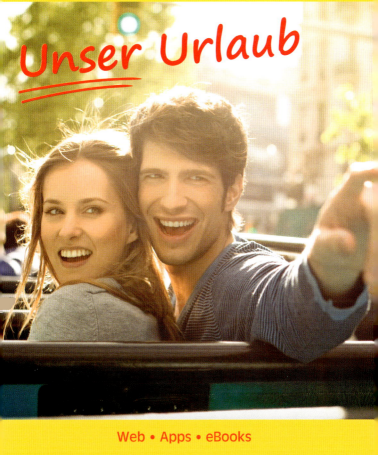

MARCO ⊕ POLO

Unser Urlaub

Web • Apps • eBooks

Die smarte Art zu reisen

Jetzt informieren unter:

www.marcopolo.de/digital

Individuelle Reiseplanung,
interaktive Karten, Insider-Tipps.
Immer, überall, aktuell.

CITYATLAS

Die grüne Linie ▬▬ **zeichnet den Verlauf der Stadtspaziergänge nach**

Der Gesamtverlauf dieser Spaziergänge ist auch in der herausnehmbaren Faltkarte eingetragen

Bild: Flughafen Los Angeles (LAX)

Unterwegs in Los Angeles

Die Seiteneinteilung für den Cityatlas finden Sie auf dem hinteren Umschlag dieses Reiseführers

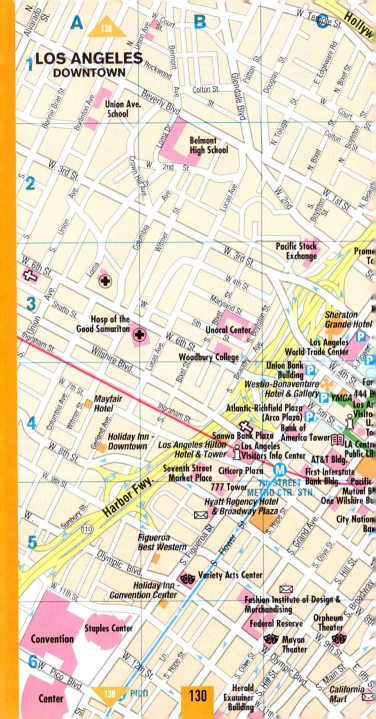

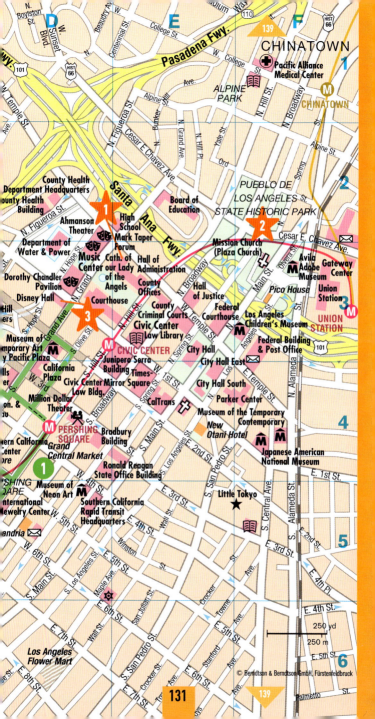

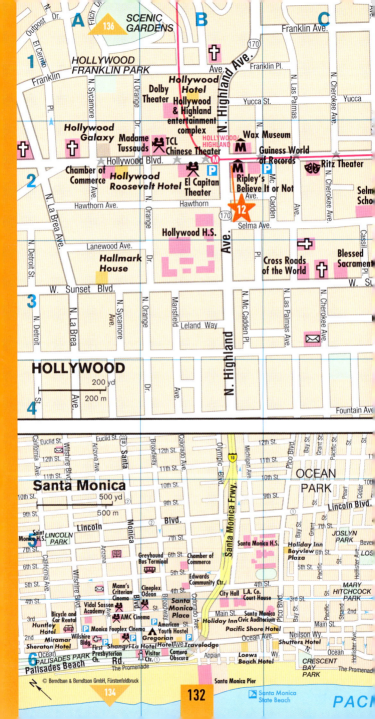

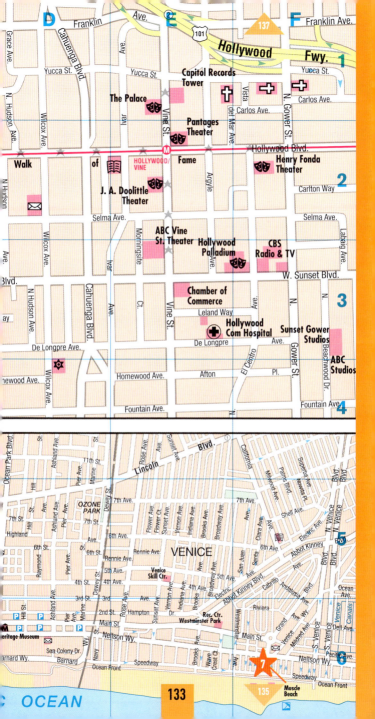

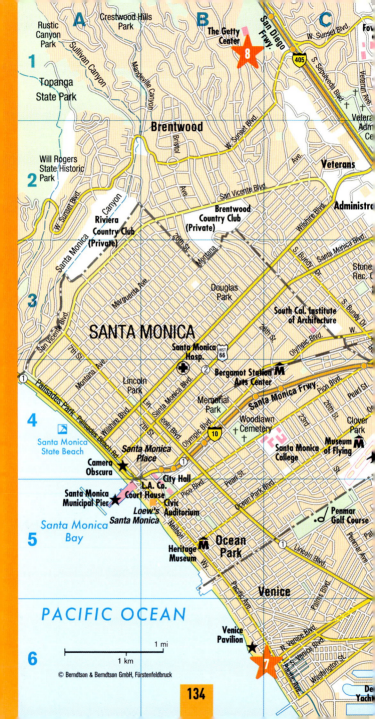

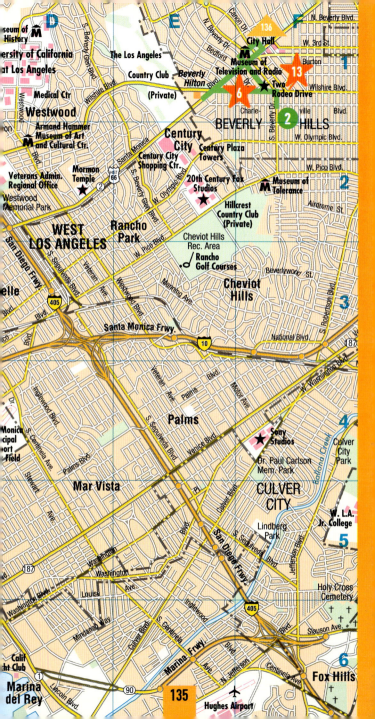

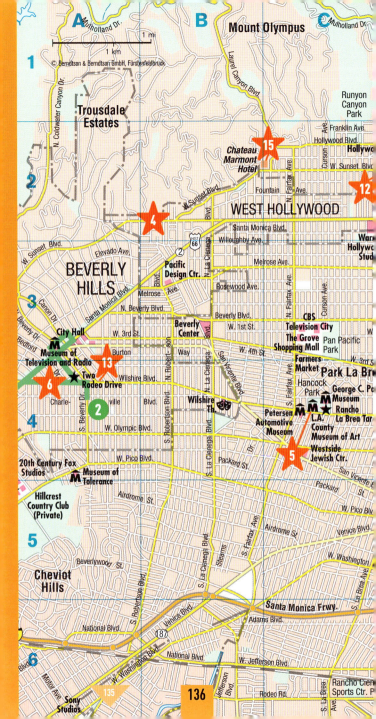

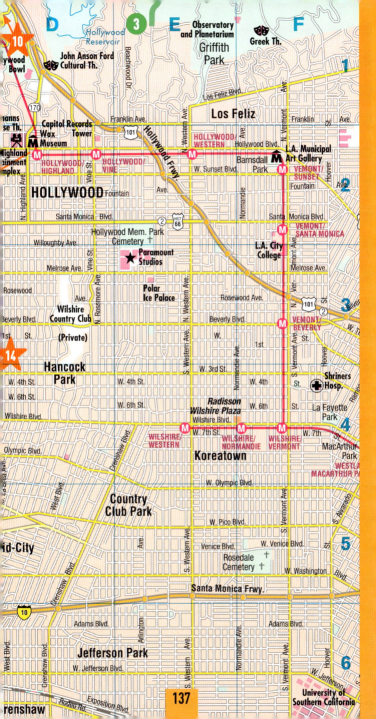

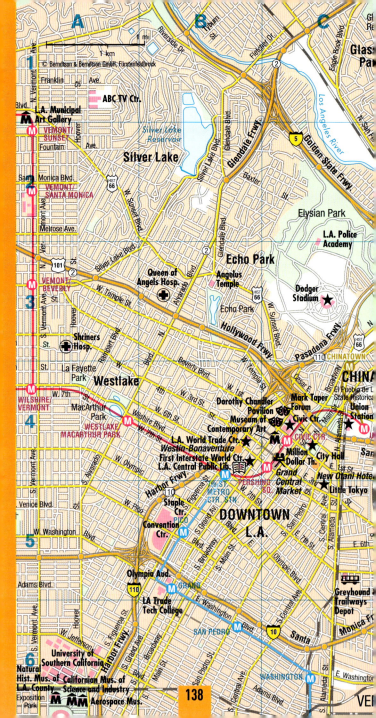

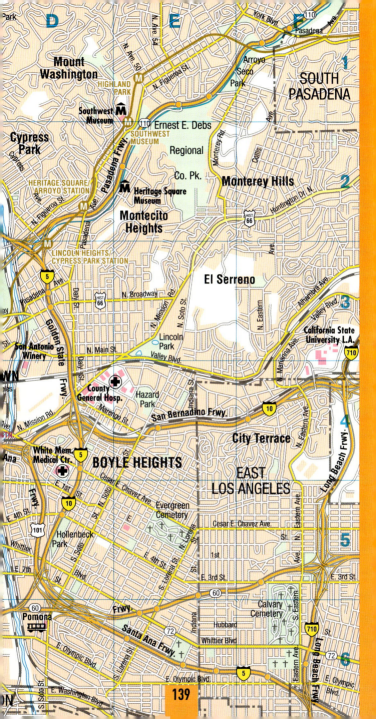

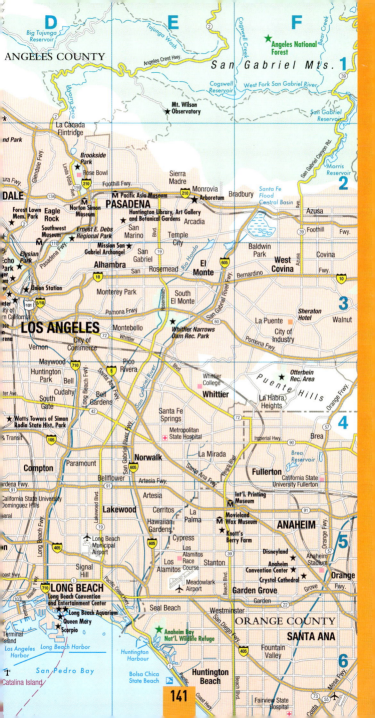

Das Register enthält eine Auswahl der im Cityatlas dargestellten Straßen und Plätze

Abkürzungen:
(BH) = Beverly Hills
(CC) = Culver City
(ELA) = East Los Angeles
(LA) = Los Angeles
(SM) = Santa Monica
(SP) = South Pasadena
(WH) = West Hollywood

2nd St (LA) **133/D6-E6**
2nd St (SM) **132/A6–133/D6**
3rd Ave (LA) **133/D5-E5**
3rd St (SM) **132/A6–133/D5**
4th Ave (LA) **133/D5-E5**
4th St (SM) **132/A6–133/D5**
5th Ave (LA) **133/D5-F5**
5th St (SM) **132/A5–133/D5**
6th Ave (LA) **133/D5-F5**
6th St (SM) **132/A5–133/D5**
7th Ave (LA) **133/E5-F5**
7th St (SM) **132/A5–133/D5, 134/A3-B5**
9th St (SM) **132/A5-C5**
10th St (SM) **132/A5–133/D5**
11th St (SM) **132/A4–133/D4**
12th St (SM) **132/A4-C4**
23rd St (LA) **134/C4-C5**
26th St (LA) **134/A2-C4**

A
Abbot Kinney Blvd (LA) **133/E6-F5**
Adams Blvd (LA) **136/B6–138/C6**
Afton Pl (LA) **133/E4-F4**
Airdrome St (LA) **136/A5-C5**
Alhambra Ave (LA) **139/F3**
Alpine St (LA) **131/E1-F2**
Andalusia Ave (LA) **133/F5-F6**
Applan Way (SM) **132/B6-C6**
Argyle Ave (LA) **133/E1-E3**
Arizona Ave (SM) **132/A4-A6**
Arlington Ave (SM) **137/E5-E6**
Ashland Ave (SM) **133/D4-D6**

B
Barnard Way (SM) **133/D6**
Baxter St (LA) **138/B2-C2**
Bay St (SM) **132/C4-C6**
Beachwood Dr (LA) **137/E1**
Bedford Dr (BH) **135/E1–136/A4**
Belmont St (LA) **130/B1**
Beverly Ave (SM) **132/C5–133/D5**
Beverly Blvd(LA) **136/B3–138/B4**
Beverlywood St (LA) **136/A5**
Bristol Ave (LA) **134/B1-B2**
Broadway (SM) **132/B4-B6**
Broadway Ave (LA) **133/E4-E6**
Brooks Ave (LA) **133/E5-F5**
Burton Way (BH) **136/A3-B3**

C
Cabrillo Ave (LA) **133/F5-F6**
Cahuenga Blvd (LA) **133/D1-D4**
California Ave (LA) **133/F4-F5**
California Ave (SM) **132/A4-A6**
Canon Dr (BH) **136/A3-A4**
Carlos Ave (LA) **133/F1**
Carlton Way (LA) **133/F2**
Cassil Pl (LA) **132/C2-C3**
Cedar St (SM) **132/C4-C5**
Centennial St (LA) **131/D1-E1**
Centinela Ave (SM) **135/F6**
Ceres Ave (LA) **131/E6-F6**
Cesar E. Chavez Ave (ELA) **139/E5-F5**
Cesar E. Chavez Ave (LA) **131/F1-F3, 138/C4–139/E5**
Charleville Blvd (BH) **136/A4-B4**
Collis Ave (LA) **139/D1-F2**
Collis Ave (SP) **139/F1**
Colorado Ave (SM) **132/B4-B6**
Colton St (LA) **130/B1-C2**
Columbia Ave (LA) **130/A4-B2**
Crenshaw Blvd (LA) **137/D6-E4**
Crocker St (LA) **131/D6-E5**
Crown Hill Ave (LA) **130/B1-B2**
Culver Blvd (CC) **135/E5-F4**

Culver Blvd (LA) **135/D6-E5**
Curson Ave (LA) **136/C1-C2, C3**
Curson Ave (WH) **136/C2**
Cypress Ave (LA) **138/C2–139/D2**

D
Daly St (LA) **139/D3-D4**
De Longpre Ave (LA) **132/A3–133/F3**
Dell Ave (LA) **133/F6**
Dewey St (SM) **133/D5**
Dix St (LA) **133/D1-F1**
Douglas St (LA) **130/C1**

E
Eagle Rock Blvd (LA) **138/C1**
East 1st St (ELA) **139/E5-F5**
East 1st St (LA) **131/E4-F4, 138/C4–139/E5**
East 2nd St (LA) **131/E4-F5**
East 3rd St (ELA) **139/E5-F5**
East 3rd St (LA) **131/E4-F5, 138/C4–139/E5**
East 4th Pl (LA) **131/F5**
East 4th St (LA) **131/D5-F6, 139/D5-E5**
East 5th St (LA) **131/D5-F6**
East 6th St (LA) **131/D5-F6, 138/C5–139/D5**
East 7th St (LA) **131/D6-E6, 138/C5–139/D6**
East 8th St (LA) **131/D6**
East 9th St (LA) **130/C6–131/D6**
East Jefferson Blvd (LA) **138/B6**
East Olympic Blvd (LA) **139/E6-F6**
East Olympic Blvd (LA) **138/B5–139/E6**
East Temple St (LA) **131/E3-F4**
East Washington Blvd (LA) **138/B6–139/E6**
Edgeware Rd (LA) **130/C1**
Electric Ave (LA) **133/E6-F5**
Elenado Ave (BH) **136/A3**
Elenado Ave (WH) **136/B3**
Euclid St (LA) **132/A4–133/D4**
Exposition Blvd (LA) **136/C6–137/F6**

F
Fitch Dr (LA) **132/A1**
Flechter Dr (LA) **138/B1-C1**
Flower Ave (LA) **133/E4-E5**
Flower Ct (LA) **133/E4-E5**
Fountain Ave (LA) **132/B4–133/F4, 137/D2–138/A2**
Fountain Ave (WH) **136/B2–137/D2**
Franklin Ave (LA) **132/A1–133/F1, 136/C2–138/A1**
Franklin Pl (LA) **132/B1-C1**
Frederick St (LA) **133/D4-D5**

G
Garland Ave (LA) **130/A4**
Gladys Ave (LA) **131/E6-F6**
Glendale Blvd (LA) **130/B1-B2, 138/B1-B3**
Glendale Frwy (LA) **138/B2-C1**
Golden State Frwy (LA) **138/B1-D5**
Grace Ave (LA) **133/D1**
Grand Blvd (LA) **133/F5-F6**
Grant St (SM) **132/C4-C5**

H
Hampton Dr (LA) **133/E6**
Harbor Frwy (LA) **130/A5–131/D2, 138/A6-C4**
Hawthorn Ave (LA) **132/A2-C2**
Highland Ave (SM) **133/D5**
Hill St (SM) **133/D4-D6**
Hollister Ave (SM) **132/C6**
Hollywood Blvd (LA) **132/A2–133/F2, 136/C2–137/F2**
Hollywood Frwy (LA) **130/C1, 133/E1, 137/D1–138/C4**
Homewood Ave (LA) **133/D4-E4**
Hoover St (LA) **137/F1-F6**
Hubbard St (ELA) **139/E6-F6**

I
Indiana Ave (LA) **133/E4-E6**
Indiana St (LA) **139/E4-E6**
Inglewood Blvd (CC) **135/E5**
Inglewood Blvd (LA) **135/D4-F6**
Ingraham St (LA) **130/A3-B4**
Ivar Ave (LA) **133/E1-E4**

J
Jefferson Blvd (CC) **135/F6–136/B6**
Jefferson Blvd (LA) **136/B6**

L
Labaig Ave (LA) **133/F2-F3**
Lanewood Ave (LA) **132/A3-B3**
Laurel Canyon Blvd (LA) **136/B1-C2**
Leland Way (LA) **132/B3–133/F3**
Lincoln Blvd (LA) **133/E4-F4, 134/C5–135/D6**
Lincoln Blvd (SM) **132/A5–133/D5, 134/C4-C5**
Loma Dr (LA) **130/A3-B1**
Long Beach Frwy (ELA) **139/F5-F6**
Los Feliz Blvd(LA) **137/E1–138/B1**
Louise Ave (CC) **135/D5**
Louise Ave (LA) **133/D5-E5**
Lucas Ave (LA) **130/A4-B2**

M
Main St (LA) **133/D6-F6**
Main St (SM) **132/B6–133/D6**
Mandeville Canyon (LA) **134/A1-B2**
Manning Ave (LA) **135/E3**
Mansfield Ave (LA) **132/B3-B4**
Maple Ave (LA) **131/D6-E5**
Maple St (SM) **133/D4-D5**
Marengo St (LA) **139/D4-E4**
Marguerita Ave (SM) **134/A4-B3**
Marianna Ave (LA) **139/F3-F4**
Marina Frwy (LA) **135/D6-E6**
Marine St (SM) **133/D4-D6**
Maryland St (LA) **130/B3**
Melrose Ave (LA) **136/B3–137/F3**
Melrose Ave (WH) **136/B3**
Michigan Ave (SM) **132/B4-B5**
Mildred Ave (LA) **133/F6**
Milwood Ave (LA) **133/F5**
Mindanao Way (LA) **135/D6-E6**
Montana Ave (LA) **134/B3-C2**
Montana Ave (SM) **134/A4-B3**
Monterey Rd (LA) **139/E2-F1**
Monterey Rd (SP) **139/F1**
Morningsite Ct (LA) **133/E2-E3**
Motor Ave (LA) **136/A6**
Mulholland Dr (LA) **136/C1–137/D1**

N
National Blvd (CC) **136/B6**
National Blvd (LA) **136/A6-B6**
Navy St (LA) **133/D6**
Neilson Way (SM) **132/C6–133/D6, 134/B5**
Neilson Way (SM) **132/C6-133/F6**
North Alameda St (LA) **131/F1-F4, 138/C4–139/D3**
North Alvarado Blvd (LA) **138/B2-B3**
North Alvarado St (LA) **130/A1**
North Ave 50 (LA) **139/E1**
North Ave 54 (LA) **139/E1**
North BeachwoodDr (LA) **133/F3-F4**
North Beaudry Ave (LA) **130/C2–131/E1**
North Beverly Blvd (BH) **136/A3-B3**
North Beverly Dr (BH) **136/A3-A4**
North Bixel St (LA) **130/C1-C2**
North Bonnie Brae St (LA) **130/A1**
North Boylston St (LA) **130/C2–131/D1**
North Broadway (LA) **131/E3-F1, 138/C4–139/E3**
North Bunker Hill Ave (LA) **131/E1-E2**
North Cherokee Ave (LA) **132/C1-C4**
North Detroit St (LA) **132/A2-A4**
North Eastern Ave (LA) **139/F2-F4**
North El Centro Ave (LA) **133/E4-F2**
North El Cerrito Pl (LA) **132/A1-A2**

STRASSENREGISTER

North Fairfax Ave (LA) **136/C2, C3**
North Fairfax Ave (WH) **136/C2**
North Figueroa St (LA) **131/D3, 138/C4, 139/D2-F1**
North Goldwater Canyon Dr (BH) **136/A2**
North Goldwater Canyon Dr (LA) **136/A1**
North Gower St (LA) **133/F1-F4**
North Grand (LA) **131/D3-E1**
North Highland Ave (LA) **132/B1-B4**
North Hill Pl (LA) **131/E1-E2**
North Hill St (LA) **131/E3-F1**
North Hope St (LA) **131/D2-D3**
North Hudson Ave (LA) **133/D1-D3**
North Huntington Dr (LA) **139/E3-F2**
North Jefferson Blvd (CC) **135/F6**
North Jefferson Blvd (LA) **135/E6-F6**
North La Brea Ave (LA) **132/A1-A4, 137/D2-D3**
North La Brea Ave (WH) **137/D2**
North La Cienega Blvd (BH) **136/B3-B4**
North La Cienega Blvd (WH) **136/B2-B3**
North Las Palmas Ave (LA) **132/C1-C4**
North Lorena St (LA) **139/E5**
North Los Angeles St (LA) **131/E4-F3**
North Main St (LA) **131/E4-F2, 138/C4-139/E3**
North McCadden Pl (LA) **132/B1-B3**
North Misson Rd (LA) **139/D4-E3**
North Ocean Ave (SM) **132/C6**
North Orange Dr (LA) **132/A1-B4**
North Robertson Blvd (BH) **136/B3-B4**
North Robertson Blvd (WH) **136/B3-B4**
North Rossmore Ave (LA) **137/D3**
North San Fernando Rd (LA) **138/C1-139/D2**
North Soto St (LA) **139/D5-E3**
North Spring St (LA) **131/E4-F1**
North Sycamore Ave (LA) **132/A1-A3**
North Toluga St (LA) **130/C1-C2**
North Union Ave (LA) **130/A1-B1**
North Venice Blvd (LA) **133/F4-F5, 134/C6**
North Vermont Ave (LA) **137/F1-F3**
North Western Ave (LA) **137/E1-E3**
Nowita Pl (LA) **133/F5**

O

Ocean Ave (LA) **133/F5**
Ocean Ave (SM) **132/A6-C6**
Ocean Front (LA) **133/D6-F6**
Ocean Park Blvd (LA) **135/D3-D4**
Ocean Park Blvd (SM) **133/D4-D6, 134/B5-135/D3**
Olympic Blvd (SM) **132/B4-B5, 134/B4-C3**
Ord St (LA) **131/E2-F2**
Outpost Cr (LA) **132/A1**

P

Pacific Ave (LA) **134/B5-C6**
Pacific St (SM) **132/C4-C6**
Packard St (LA) **136/B4-C5**
Palisades Beach Rd (SM) **132/A6-B6, 134/A4**
Palmetto St (LA) **131/F6**
Palms Blvd (LA) **133/F4-F5, 134/C6-135/F3**
Pasadena Ave (LA) **139/D2-D3**
Pasadena Ave (SP) **139/F1**
Pasadena Frwy (LA) **131/D1-F1, 138/C4-139/F1**
Patton St (LA) **130/B1-C1**
Pearl St (SM) **132/C4-C5, 134/B5-C4**
Penmar Ave (LA) **134/C5**
Pico Blvd (SM) **132/C4-C6, 134/B5-C4**
Pier Ave (SM) **133/D4-D6**
Pomona Frwy (LA) **139/D6-F5**

R

Rampart Blvd (LA) **138/A4-B3**
Raymond Ave (SM) **134/D4-D5**
Rennie Ave (LA) **133/D5-E5**
Riverside Dr (LA) **138/B1**
Riviera Ave (LA) **133/F6**
Rockwood St (LA) **130/A1-B1**

Rodeo Rd (LA) **136/B6-137/E6**
Rose Ave (LA) **133/E4-E6**
Rosewood Ave (LA) **136/B3-137/F3**

S

San Diego Frwy (CC) **135/E4-E5, F5-F6**
San Diego Frwy (LA) **134/C1-135/E4, E5-F5**
San Juan Ave (LA) **133/F5**
San Julian St (LA) **131/D6-E5**
San Vicente Blvd (LA) **134/B2-C2, 136/B3-137/D5**
San Vicente Blvd (SM) **134/A4-B2**
Santa Ana Frwy (ELA) **139/E6-F6**
Santa Ana Frwy (LA) **131/D2-F3, 138/C4-139/E6**
Santa Clara Ave (LA) **133/F5**
Santa Monica Blvd (BH) **135/E1-136/A3**
Santa Monica Blvd (LA) **134/C3-135/E1, 137/D2-F2**
Santa Monica Blvd (SM) **132/A4-A6, 134/B4-C3**
Santa Monica Blvd (WH) **136/B3-137/D2**
Santa Monica Frwy (LA) **135/D3-139/D5**
Santa Monica Frwy (SM) **132/B4-B6, 134/B4-C4**
Santee St (LA) **130/C6-131/D6**
Sea Colony Dr (SM) **133/D6**
Selma Ave (LA) **132/B2-133/F2**
Shatto St (LA) **130/A1**
Shell Ave (LA) **133/F5**
Silver Lake Blvd (LA) **138/A3-B2**
South Alameda St (LA) **131/F4-F6, 138/C4-C6**
South Alvarado Blvd (LA) **138/A5-B3**
South Beaudry Ave (LA) **130/B4-C2**
South Beverly Dr (BH) **135/F1-F2**
South Beverly Glen Blvd (LA) **135/D1-E2**
South Bixel St (LA) **130/B3-B4**
South Bonnie Brae St (LA) **130/A1-A2**
South Boylston St (LA) **130/B4-C2**
South Broadway (LA) **130/B6-131/E3, 138/B6-C4**
South Bundy Dr (LA) **134/C3-135/D4**
South Burlinton Ave (LA) **130/A1-A2**
South Centinela Ave (LA) **135/D4-E6**
South Central Ave (ELA) **131/F4-F6, 138/B6-C4**
South Eastern Ave (LA) **139/F5-F6**
South Fairfax Ave (LA) **136/B6-C3**
South Figueroa St (LA) **130/A6-131/D3, 138/A6-B4**
South Flower St (LA) **130/A6-C3**
South Grand Ave (LA) **130/B6-D3, 138/A6-C4**
South Hill St (LA) **130/B6-131/D3**
South Hope St (LA) **130/A6-131/D3**
South La Brea Ave (LA) **136/C3-137/D3**
South La Cienega Blvd (LA) **136/B4-B6**
South Lorena St (LA) **139/D5-D6**
South Los Angeles St (LA) **130/C6-131/E4**
South Main St (LA) **130/C6-131/E4, 138/B6-C4**
South Olive St (LA) **130/B6-131/D3**
South Robertson Blvd (BH) **136/B4**
South Robertson Blvd (LA) **136/A6-B4**
South San Pedro St (LA) **131/E4-F4, 138/B6-C4**
South Santa Fe Ave (ELA) **138/C5-C6**
South Sepulveda Blvd (CC) **135/E4-F5**
South Sepulveda Blvd (LA) **134/C1-135/E4, E5**
South Soto St (LA) **139/D5-D6**
South Spring St (LA) **130/C6-131/E4**
South Union Ave (LA) **130/A1-A3**
South Venice Blvd (LA) **133/F5-F6, 134/C6**
South Vermont Ave (LA) **137/F3-F6**
South Western Ave (LA) **137/E3-E6**
Speedway (SM) **133/D6-F6**
Stadium Way (LA) **131/E1-F1**
Stanford Ave (LA) **131/E6-F6**
Stearns Dr (LA) **136/B4-B5**

Stewart Ave (LA) **135/D4-D5**
Strand St (SM) **132/C5-C6**
Sunbury St (LA) **130/A5**
Sunset Ave (LA) **133/E4-E6**
Superba Ave (LA) **133/F5**

T

The Promenade (SM) **132/A6-133/D6**
Towne Ave (LA) **131/E6-F5**
Tyburn St (LA) **138/B1**

V

Valley Blvd (LA) **139/E3-F3**
Venice Blvd (LA) **134/C6-137/F5**
Venice Way (LA) **133/F6**
Vernon Ave (LA) **133/E4-E6**
Veteran Ave (LA) **134/C1-135/E4**
Vine St (LA) **133/E1-E4, 137/D1-D3**
Vista del Mar Ave (LA) **133/E2-F1**

W

Wall St (LA) **131/D6-E5**
Washington Blvd (CC) **135/D6-F4**
Washington Pl (CC) **135/D5, E5**
Washington Pl (LA) **135/E5**
Washington St (LA) **134/C6-135/D5**
Wave Crest Ct (LA) **133/E6**
West 1st St (LA) **130/A1-131/E4, 136/B3-138/C4**
West 2nd St (LA) **130/A2-131/E4**
West 3rd St (BH) **136/A3**
West 3rd St (LA) **130/A1-131/E4, 136/A3-138/C4**
West 4th St (LA) **130/B3-131/D5, 136/B3-138/C4**
West 5th St (LA) **130/A3-131/D5**
West 6th St (LA) **130/A3-131/D5, 136/B4-138/B4**
West 7th St (LA) **130/A3-131/D5, 137/E4-138/C5**
West 8th St (LA) **130/A4-C6**
West 9th St (LA) **130/A4-C6**
West 11th St (LA) **130/A5-C6**
West 12th St (LA) **130/A6-B6**
West Blvd (LA) **137/D4-D6**
West College St (LA) **131/E1-F1**
West Court St (LA) **130/A1-131/D2**
West Jefferson Blvd (LA) **135/E6, 136/B6-138/B6**
West Olympic Blvd (BH) **135/E2-136/B4**
West Olympic Blvd (LA) **130/A5-C6, 135/C3-E2, 136/B4-138/B5**
West Pico Blvd (LA) **130/A6-B6, 134/C3-138/B5**
West Slauson Ave (CC) **135/F6**
West Sunset Blvd (BH) **135/E1-136/A2**
West Sunset Blvd (LA) **131/D1, 132/A3, 134/A2, 136/B2-138/C4**
West Sunset Blvd (WH) **136/A2-B2**
West Temple St (LA) **130/B1-131/E3, 138/A3-C4**
West Venice Blvd (LA) **137/F5**
West Washington Blvd (CC) **135/F4-136/B6**
West Washington Blvd (LA) **135/F4, 136/B6-138/B6**
Westminster Ave (LA) **133/F6**
Westwood Blvd (LA) **135/D1-F3**
Whitley Ave (LA) **132/C1-C2**
Whittier Blvd (ELA) **139/E6-F6**
Whittier Blvd (LA) **139/D5-E6**
Wilcox Ave (LA) **133/D1-D4**
Willoughby Ave (LA) **136/B3-137/D2**
Willoughby Ave (WH) **136/B3-C3**
Wilshire Blvd (BH) **135/E1-136/B4**
Wilshire Blvd (LA) **130/A3, 134/C3, 136/B4-138/B5**
Wilshire Blvd (SM) **132/A4, 134/A4**
Winston St (LA) **131/E5**
Witmer St (LA) **130/A4-B2**

Y

Yale St (LA) **131/E1-E2**
York Blvd (LA) **139/F1**
Yucca St (LA) **132/B1-133/F1**

KARTENLEGENDE

Sehenswürdigkeit
Point of interest
Curiosité
Curiosità
Curiosidad

Int. Flughafen
Int'l. Airport
Aéroport int.
Aeroporto int.
Aeropuerto int.

U-Bahn
Subway
Métro
Metropolitana
Metro

Museum
Museum
Musée
Museo
Museo

Flugplatz
Airfield
Aérodrome
Aerodromo
Aeródromo

Schnellbahn
Commutertrain
Train express
Ferrovia urbana
Tren de cercanías

Theater
Theater
Théâtre
Teatro
Teatro

Busbahnhof
Bus station
Station d'autobus
Stazione autolinee
Estación de autobuses

Parkplatz
Car park
Parking
Parcheggio
Aparcamiento de
varios pisos

Kino
Cinema
Cinéma
Cinema
Cine

Autovermietung
Rent-a-car
Location de voitures
Noleggio automobili
Alquiler de coches

Strand
Beach
Plage
Spiaggia
Playa

Kirche
Church
Église
Chiesa
Iglesia

Postamt
Post office
Poste
Posta
Oficina de correos

Hotel
Hotel
Hôtel
Albergo
Hotel

Information
Information
Informations
Informazione
Información

Krankenhaus
Hospital
Hôpital
Ospedale
Hospital

Öffentliche Gebäude
Public buildings
Édifice public
Edificio pubblico
Edificio público

Bibliothek
Library
Bibliothèque
Biblioteca
Biblioteca

Polizei
Police
Police
Polizia
Policía

Kaufhaus
Department store
Grand magasin
Grande magazzino
Grandes almacenes

Golf
Golf
Golf
Golf
Golf

Einbahnstraße
One-way road
Rue à sens unique
Strada a senso unico
Calle de sentido único

Markt
Market
Marché
Mercato
Mercado

Stadtspaziergänge
Walking tours
Promenades en ville
Passeggiate urbane
Paseos urbanos

MARCO POLO
Highlight

FÜR DIE NÄCHSTE REISE …

ALLE **MARCO POLO** REISEFÜHRER

DEUTSCHLAND

Allgäu
Bayerischer Wald
Berlin
Bodensee
Chiemgau/
  Berchtesgadener
  Land
Dresden/
  Sächsische
  Schweiz
Düsseldorf
Eifel
Erzgebirge/
  Vogtland
Föhr/Amrum
Franken
Frankfurt
Hamburg
Harz
Heidelberg
Köln
Lausitz/
  Spreewald/
  Zittauer Gebirge
Leipzig
Lüneburger Heide/
  Wendland
Mecklenburgische
  Seenplatte
Mosel
München
Nordseeküste
  Schleswig-
  Holstein
Oberbayern
Ostfriesische Inseln
Ostfriesland/
  Nordseeküste
  Niedersachsen/
  Helgoland
Ostseeküste
  Mecklenburg-
  Vorpommern
Ostseeküste
  Schleswig-
  Holstein
Pfalz
Potsdam
Rheingau/
  Wiesbaden
Rügen/Hiddensee/
  Stralsund
Ruhrgebiet
Sauerland
Schwarzwald
Stuttgart
Sylt
Thüringen
Usedom
Weimar

ÖSTERREICH SCHWEIZ

Berner Oberland/
  Bern
Kärnten
Österreich
Salzburger Land
Schweiz

Steiermark
Tessin
Tirol
Wien
Zürich

FRANKREICH

Bretagne
Burgund
Côte d'Azur/
  Monaco
Elsass
Frankreich
Französische
  Atlantikküste
Korsika
Languedoc-
  Roussillon
Loire-Tal
Nizza/Antibes/
  Cannes/Monaco
Normandie
Paris
Provence

ITALIEN MALTA

Apulien
Dolomiten
Elba/Toskanischer
  Archipel
Emilia-Romagna
Florenz
Gardasee
Golf von Neapel
Ischia
Italien
Italienische Adria
Italien Nord
Italien Süd
Kalabrien
Ligurien/Cinque
  Terre
Mailand/
  Lombardei
Malta/Gozo
Oberital. Seen
Piemont/Turin
Rom
Sardinien
Sizilien/Liparische
  Inseln
Südtirol
Toskana
Umbrien
Venedig
Venetien/Friaul

SPANIEN PORTUGAL

Algarve
Andalusien
Barcelona
Baskenland/
  Bilbao
Costa Blanca
Costa Brava
Costa del Sol/
  Granada

Fuerteventura
Gran Canaria
Ibiza/Formentera
Jakobsweg/
  Spanien
La Gomera/
  El Hierro
Lanzarote
La Palma
Lissabon
Madeira
Madrid
Mallorca
Menorca
Portugal
Spanien
Teneriffa

NORDEUROPA

Bornholm
Dänemark
Finnland
Island
Kopenhagen
Norwegen
Oslo
Schweden
Stockholm
Südschweden

WESTEUROPA BENELUX

Amsterdam
Brüssel
Cornwall und
  Südengland
Dublin
Edinburgh
England
Flandern
Irland
Kanalinseln
London
Luxemburg
Niederlande
Niederländische
  Küste
Schottland

OSTEUROPA

Baltikum
Budapest
Danzig
Krakau
Masurische Seen
Moskau
Plattensee
Polen
Polnische
  Ostseeküste/
  Danzig
Prag
Slowakei
St. Petersburg
Tallinn
Tschechien
Ukraine
Ungarn
Warschau

SÜDOSTEUROPA

Bulgarien
Bulgarische
  Schwarzmeer-
  küste
Kroatische Küste/
  Dalmatien
Kroatische Küste/
  Istrien/Kvarner
Montenegro
Rumänien
Slowenien

GRIECHENLAND TÜRKEI ZYPERN

Athen
Chalkidiki/
  Thessaloniki
Griechenland
  Festland
Griechische Inseln/
  Ägäis
Istanbul
Korfu
Kos
Kreta
Peloponnes
Rhodos
Samos
Santorin
Türkei
Türkische Südküste
Türkische Westküste
Zákinthos/Itháki/
  Kefalloniá/Léfkas
Zypern

NORDAMERIKA

Alaska
Chicago und
  die Großen Seen
Florida
Hawai´i
Kalifornien
Kanada
Kanada Ost
Kanada West
Las Vegas
Los Angeles
New York
San Francisco
USA
USA Ost
USA Südstaaten/
  New Orleans
USA Südwest
USA West
Washington D.C.

MITTEL- UND SÜDAMERIKA

Argentinien
Brasilien
Chile
Costa Rica
Dominikanische
  Republik

Jamaika
Karibik/
  Große Antillen
Karibik/
  Kleine Antillen
Kuba
Mexiko
Peru/Bolivien
Venezuela
Yucatán

AFRIKA UND VORDERER ORIENT

Ägypten
Djerba/
  Südtunesien
Dubai
Israel
Jordanien
Kapstadt/
  Wine Lands/
  Garden Route
Kapverdische
  Inseln
Kenia
Marokko
Namibia
Rotes Meer/Sinai
Südafrika
Tansania/
  Sansibar
Tunesien
Vereinigte
  Arabische
  Emirate

ASIEN

Bali/Lombok/Gilis
Bangkok
China
Hongkong/Macau
Indien
Indien/Der Süden
Japan
Kambodscha
Ko Samui/
  Ko Phangan
Krabi/Ko Phi Phi/
  Ko Lanta
Malaysia
Nepal
Peking
Philippinen
Phuket
Shanghai
Singapur
Sri Lanka
Thailand
Tokio
Vietnam

INDISCHER OZEAN UND PAZIFIK

Australien
Malediven
Mauritius
Neuseeland
Seychellen

REGISTER

In diesem Register sind alle im Reiseführer erwähnten Sehenswürdigkeiten und Ausflugsziele sowie einige wichtige Straßen, Plätze und Namen aufgeführt. Gefettete Seitenzahlen verweisen auf den Haupteintrag.

Abbot Kinney Boulevard 24, **48**
Ahmanson Theatre 93
Anaheim 110
Angels Flight **31**, 104, 107
Arc Light Hollywood Center 36
Architektur 18, 114
Artists and Writers Building 107
Autry Museum of Western Heritage 38
Avila Adobe 33
Baseball 89
Basketball 89
Bel Air 21
Bergamot Station 6, **49**
Beverly Center 8, 72, **82**
Beverly Gardens 108
Beverly Hills 13, 21, 24, 26, **41**, 73, 74, 94, 107
Beverly Hills City Hall 108
Beverly Hills Hotel 43, 98
Beverly Hills Post Office 108
Binoculars 49
Bradbury Building **29**, 30
Brentwood 21, 26, 52, 53
Broad Museum of Contemporary Art 27, 45
Broadway 25, 28
Bunker Hill 28, 31, 104, 106
Bunker Hill Steps 106
Cactus Garden 108
California Plaza 8, 30, **31**
California Science Center 27, **110**
Caltrans District 7 Headquarters 30, **31**
Canon Drive 41
Capitol Records Tower **36**, 37
Cathedral of our Lady of the Angels 29, **31**
Chateau Marmont 25, 42, 43, **44**, 84, 94, **96**
Chemosphere 18
Chinatown 21, 25, 29, 30, **32**, 74
Cinerama Dome 36
City Hall 30, **32**
Creative Artists Agency 108
Department Store Row 109
Disneyland 110
Dodger Stadium 89
Dolby Theatre 14, 35, **36**, 37, 39, 112
Dorothy Chandler Pavilion **92**, 105
Downtown 13, 16, 21, 25, 26, **28**, 29, 74, 94, 104, 113
El Capitan Theatre **37**, 92
El Pueblo de Los Angeles 25, 26, 30, **33**, 113
Electric Fountain 108
Ennis Brown House 18
Erdbeben 20
Fahey/Klein Gallery 37
Farmers Market **44**, 68, 82
Fashion District 74
Fisherman's Village 55
Gagosian Gallery 43, **44**
Gamble House 15, **52**
Geffen Contemporary 30, **34**
Gehry, Frank O. 15, 18, 34, 35, 105
Getty Center 9, 15, 18, 27, **53**
Getty Villa 53

Global Crossing 107
Grammy Museum 30, **33**
Grand Central Market 31, **33**, 104
Grand Central Station 32
Greek Theatre 38, 93
Griffith Observatorium und Planetarium 38
Griffith Park 18, 37, **38**, 39, 109
Hancock Park 21, 43, **44**
Hollyhock House 15, 18
Hollywood 13, 14, 20, 21, 26, **36**, 84, 94, 114
Hollywood & Highland Entertainment Complex 36, 39
Hollywood & Vine Metro Station 35, 37, **39**
Hollywood Boulevard 36, 39, 41, 74, 113
Hollywood Bowl 93
Hollywood Forever Cemetery 38
Hollywood Roosevelt Hotel 14, 25, 97
Hollywood Sign 7, 25, 37, 38, **39**, 109
Huntington Arts Collection, Library and Botanical Gardens 8, **53**
Hurricane Harbor 111
International Jewelry Center 107
Joshua Tree National Park 58
Kings-Road-House 47
Koreatown 9, 21
L.A. Central Public Library 30, **34**, 67, 106
L.A. County Museum of Art (LACMA) 18, 27, 42, 43, **44**
L.A. Derby Dolls 89
L.A. Philharmonic Orchestra 85
La Brea Tar Pits 43, **44**
LA LIVE 13, 33
Laemmle, Carl 15, 20
Laurel Canyon 36
Lautner House 57
Legoland 110
Leo Carrillo State Beach 55
Library Tower 106
Little Tokyo 21, 25, 29, 30, **33**, 34, 113
Long Beach 112
Long Beach Aquarium of the Pacific 8, **54**
Long Beach Harbor 56
Los Angeles Theatre 92
Los Angeles Zoo 38, **111**
Los Angeles Philharmonic Orchestra 92
Lovell House 18
Madame Tussauds Hollywood 24, 35, 37, **39**
Main Street 74
MAK Design Center for Art and Architecture 43, **47**
Malibu 7, 12, 14, **54**
Malibu Beach 97, 100
Manhattan Beach 55
Marina Del Rey 8, **55**, 59
Mark Taper Forum 93
Meier, Richard 44
Melrose Avenue 37, **40**, 72, 74, 85
Mid-Wilshire 41

Millennium Biltmore Hotel **101**, 106
Million Dollar Theatre 92
Montana Avenue 74
Mulholland Drive 14, 25, 36, **40**, 42
Mulholland Lookout 25
Museum of Contemporary Art (MOCA) 8, 25, 29, 30, **34**, 46, 104
Museum of Tolerance 43, **45**
Natural History Museum of L.A. County 27, **111**
NBC Television Studio 50
Neutra, Richard M. 18, 57
Nichols Canyon 36
Norton Simon Museum 55
O'Neill House 108
Olvera Street 13, 29, 33, 74
Orpheum 92
Oscar 14, 36, 112
Pacific Coast Highway 12, 14, 54, 65
Pacific Design Center 43, **46**
Pacific Palisades 21, 26, **52**
Page Museum 43, **44**
Palisades Park 49
Palm Springs 58
Palos Verdes 56
Paradise Cove 55
Pasadena 56, 112, 113
Pershing Square 107
Petersen Automotive Museum 43, **46**
Queen Mary 56
Robertson Boulevard 24, 42, **46**, 72
Rodeo Collection 107
Rodeo Drive 7, 14, 24, 41, 42, **46**, 107
San Vicente Boulevard 74
Santa Catalina Island 53, 58
Santa Monica 14, 24, **47**, 73, 74, 85, 94
Santa Monica Art Museum 6, **49**
Santa Monica Boulevard 14, 41, 42, 74, 108
Santa Monica Pier 6, 48, 49, **50**, 90, 94
Santa Monica Place 48, 73, 82
Santa Monica Stairs 6, 53
Schindler House 18, 43, **47**
Segway Los Angeles 50
Self-Realization Fellowship Lake Shrine 56
Silver Lake 57
Six Flags Magic Mountain 111
Sony Pictures Studios 50
Spanish Steps 107
Staples Center 89
Sunset Boulevard 7, 14, 25, 26, 36, 42, 52, 56, 84, 94
Sunset Strip 13, 42, 74
Surfrider Beach 7, 55
Taggart House 57
TCL Chinese Theatre 6, 24, 36, 37, **40**
The Egyptian Theatre 92
The Grove **44**, 82
The Wende Museum 57

IMPRESSUM

Third Street Promenade 48, **50,** 74, 82, 85, 94
Topanga Canyon 14
Treweek House 57
Two Rodeo Drive 107
U.S. Bank Tower 35
Union Station 29, 30, **34**
United Artists Theatre 92
Universal Studios 15, 20, 50, **57**
Venice **48**
Venice Beach 7, 14, 24, 48, 74, 100

Venice Boardwalk 49, **51**
Venice Boulevard 14
Venice Canals 24, **51**
Venice Renaissance Building 49, **52**
Walk of Fame 24, 35, 36, 37, **41,** 74
Walker House 57
Walt Disney Concert Hall 13, 15, 18, 29, **35,** 92, 105
Warner Brothers Studios 50
Watercourt 8, 31, 104, 105

Watts Towers 58
Wells Fargo Center 105
Wells Fargo History Museum 106
West Hollywood 13, 26, **41,** 84, 94
Westin Bonaventure Hotel 30, **35, 106**
Westwood 26
Westwood Memorial Park 58
Wilshire Boulevard 14, 41, 42, 74, 107, 108, 109
Wirtschaft 23
Wright, Frank Lloyd 15, 18, 47, 57

SCHREIBEN SIE UNS!

Egal, was Ihnen Tolles im Urlaub begegnet oder Ihnen auf der Seele brennt, lassen Sie es uns wissen! Ob Lob, Kritik oder Ihr ganz persönlicher Tipp – die MARCO POLO Redaktion freut sich auf Ihre Infos.

Wir setzen alles dran, Ihnen möglichst aktuelle Informationen mit auf die Reise zu geben. Dennoch schleichen sich manchmal Fehler ein – trotz gründlicher Recherche unserer Autoren/innen. Sie haben sicherlich Verständnis, dass der Verlag dafür keine Haftung übernehmen kann.

MARCO POLO Redaktion
MAIRDUMONT
Postfach 31 51
73751 Ostfildern
info@marcopolo.de

IMPRESSUM
Titelbild: Santa Monica Venice Promenade (Laif: Modrow), Mountainbikefahrer (Getty Images/Blend Images: Dave & Les Jacobs)
Fotos: M. Braunger (9, 10/11, 42, 57, 80, 115); Qathryn Brehm (16 u.); W. Dieterich (34); DuMont Bildarchiv: Piepenburg (Klappe l., 59); Getty Images: Barnard (78), Gallay (67), Kichherr (66 r.), McConville (4), Panoramic Images (109), Toy (66 l.); Getty Images/Blend Images: Jacobs 1 o.); Getty Images/WireImage: Weeks (88); Huber: Bernhart (51), Giovanni Simeone (3 M., 84/85, 128/129), Udo (24 r.); ©iStockphoto.com: Jennifer Conner (16 o.), Lauri Patterson (17 u.), webphotographeer (17 o.); LACVB: Grimm (93, 111); Laif: Beroujon (32/33), Falke (83), Heeb (6, 31), Hemis (38), Modrow (1 o.), Piepenburg (45, 47, 52, 112); Laif/hemis.fr: Maisant (Klappe r., 18/19); Renault (2 M u., 26/27, 104/105); Laif/Redux/The New York Times: Almeida (65), Diani (70), Roth (69); Look: AGE (54, 74, 102), age fotostock (20, 99), CO2 (96), Holler (86), Kreuzer (2 u., 3 o., 60/61, 72/73), Spaces Images (114 o.); mauritius images: Alamy (2 o., 2 M o., 3 u., 5, 7, 8, 15, 24 l., 36, 62, 77, 94/95), Miosga (41), Pearce (48), Vidler (110, 113); mauritius images/CuboImages: Copson (25); mauritius images/imagebroker: Eisele-Hein (23); mauritius images/Photononstop: Foubert (101); H. Mielke (110/111); T. Stankiewicz (12/13, 106); A.-B. Tietz (1 u.); Trapeze School New York – LA: Joclynn Benjamin (16 M.); vario images: RHPL (112/113); E. Wrba (91, 114 u.)

8., aktualisierte Auflage 2014
© MAIRDUMONT GmbH & Co. KG, Ostfildern
Chefredaktion: Marion Zorn; Autorin: Sonja Alper; Koautorin: Anna-Barbara Tietz;
Redaktion: Jochen Schürmann; Verlagsredaktion: Ann-Katrin Kutzner, Nikolai Michaelis
Bildredaktion: Stefan Scholtz, Gabriele Forst; Im Trend: wunder media, München
Kartografie Reiseatlas: © Berndtson & Berndtson Productions GmbH, Fürstenfeldbruck;
Kartografie Faltkarte: © Berndtson & Berndtson Productions GmbH, Fürstenfeldbruck
Innengestaltung: milchhof: atelier, Berlin; Titel, S. 1, Titel Faltkarte: factor product münchen
Sprachführer: in Zusammenarbeit mit Ernst Klett Sprachen GmbH, Stuttgart, Redaktion PONS Wörterbücher
Das Werk einschließlich aller seiner Teile ist urheberrechtlich geschützt. Jede urheberrechtsrelevante Verwertung ist ohne Zustimmung des Verlags unzulässig und strafbar. Das gilt insbesondere für Vervielfältigungen, Übersetzungen, Nachahmungen, Mikroverfilmungen und die Einspeicherung und Verarbeitung in elektronischen Systemen.
Printed in China

BLOSS NICHT

Ein paar Hinweise auf Dinge, die Sie in L. A. unterlassen sollten

ÖFFENTLICH ALKOHOL TRINKEN

Mit der Flasche Bier in der Hand durch die Straßen zu bummeln oder am Strand ein Picknick mit Wein zu veranstalten, ist verboten. Im Auto dürfen selbst Beifahrer keinen Alkohol trinken. Vor allem an den Stränden von Malibu gibt es Polizeipatrouillen, die Kühltaschen durchsuchen und sogar an Brauseflaschen riechen, um sicherzugehen, dass kein Alkohol umgefüllt wurde.

JAYWALKEN

Wer in Los Angeles die Straße in der Mitte eines Blocks oder gar diagonal überquert, muss mit einem Strafzettel rechnen. Jaywalken ist verboten!

NACHTS AN DEN STRAND GEHEN

Auf romantische Strandspaziergänge bei Nacht sollten Sie unbedingt verzichten. Obwohl es viele Polizeistreifen gibt, sind Sie dort vor Überfällen nicht sicher.

DRÄNGELN

Vordrängeln gilt als extrem unhöflich. An der Kasse, auf der Straße, im Postamt, bei der Bank: Stellen Sie sich immer hinten an!

OBEN OHNE BADEN

Sonnen und Baden oben ohne ist verboten. Selbst in einsamen Buchten nicht zu empfehlen.

RAUCHEN

Rauchen ist in geschlossenen Räumen, Hotels und Mietautos verboten, in Flugzeugen sowieso. Auch unter freiem Himmel werden Verbote immer schärfer. In Santa Monica sind die Third Street Promenade, der Pier und der Strand Nichtraucherzonen. Von Gebäudeeingängen müssen je nach Stadtteil unterschiedliche Abstände eingehalten werden. Im Zweifelsfall vorher erkundigen, um keine Geldstrafen zu riskieren.

IN RESTAURANTS SICH SELBST SETZEN

Warten Sie nach dem Betreten eines Restaurants, bis die Hostess Sie willkommen heißt. Sie wird Sie dann an einen Tisch führen. Es wird als unhöflich angesehen, wenn Sie sich selbst nach einem Platz umsehen oder sich gar zu jemandem an den Tisch setzen. Man wird Sie bitten zu warten.

MIT TRINKGELD GEIZEN

In Deutschland ist Trinkgeld dem Ermessen des Gasts überlassen, in den USA ist das *tip* in Restaurants und Cafés genau wie die Mehrwertssteuer in Geschäften ein akzeptierter Bestandteil des Endpreises – auch wenn der übliche Aufschlag von 15–20 Prozent nicht auf Speisekarte oder Rechnung steht. Das Personal ist auf das Trinkgeld angewiesen, weil es vom Arbeitgeber nur den Mindestlohn bekommt. Bei Gruppen, vor allem in Touristenrestaurants, wird das *tip* oft automatisch in Rechnung gestellt.